Pedro Antonio de Alarcón

Viajes por España

Barcelona **2024**
Linkgua-ediciones.com

Créditos

Título original: Viajes por España.

© 2024, Red ediciones S.L.

Diseño de cubierta: Michel Mallard.

ISBN tapa dura: 978-84-1126-384-9.
ISBN rústica: 978-84-9816-386-5.
ISBN ebook: 978-84-9897-091-3.

Cualquier forma de reproducción, distribución, comunicación pública o transformación de esta obra solo puede ser realizada con la autorización de sus titulares, salvo excepción prevista por la ley. Diríjase a CEDRO (Centro Español de Derechos Reprográficos, www.cedro.org) si necesita fotocopiar, escanear o hacer copias digitales de algún fragmento de esta obra.

Sumario

Créditos _____ 4

Brevísima presentación _____ 9
La vida _____ 9

Al señor don Mariano Vázquez _____ 11

Una visita al Monasterio de Yuste _____ 13
I _____ 13
II _____ 20
III _____ 32
IV _____ 40

Dos días en Salamanca _____ 48
I. Discurso preliminar _____ 48
II. De Madrid a Medina del Campo _____ 52
III. En Medina del campo _____ 54
IV. De Medina del Campo a Salamanca _____ 56
V. Entrada en la ciudad. La calle de Zamora _____ 59
VI. La plaza mayor. El corrillo de la hierba _____ 62
VII. La Casa de las Conchas. Iglesias y Colegio de la Compañía de Jesús. Más iglesias y palacios _____ 65
VIII. La Plaza de las Verduras. La frontera de Portugal. El rey de los Tíos. Un traje de charra. La Calle de la Rúa. La Universidad _____ 73
IX. Las Dos Catedrales. El Convento de Santo Domingo. El Tormes. La Arcadia Salmantina. Una visita a la antigua Española _____ 84
X. Barrios arruinados. El Colegio del arzobispo. Los estudiantes irlandeses. El Palacio de Monterrey. La casa de las muertes. El Convento de las Agustinas. Un cuadro de Rivera _____ 96
XI. Último paseo. La Casa de la Salina. Doña Marta la Brava. La Torre del Clavero. Recapitulación _____ 104

La Granadina _____ 112

Capítulo I. La granadina como andaluza _____ 115
   Axioma _____ 116

Capítulo II. Moros y cristianos _____ 118
   Axioma _____ 118

Capítulo III. Triunfan los cristianos _____ 120
   Axioma _____ 120

Capítulo IV. La granadina en el hogar doméstico _____ 123
   Axioma _____ 123
   Axioma _____ 124
   Axioma hasta cierto punto _____ 125
   Otro axioma _____ 126
   Nuevos axiomas _____ 126

Capítulo V. Galería de granadinas _____ 129
   Axioma _____ 133

Capítulo VI. La Emparedada _____ 140

Capítulo VII. Conclusión y resumen _____ 148

De Madrid a Santander _____ 149
   I _____ 149
   II _____ 150
   III _____ 152
   IV _____ 153
   V _____ 155
   VI _____ 156
   VII. Estreno de un ferrocarril. Catástrofe _____ 159
   Mi primer viaje a Toledo _____ 162
   El eclipse de Sol de 1860 _____ 167

Cuadro general de mis viajes por España _____ **173**
  I. Explicación previa_____173
  II. Índice cronológico_____174

Libros a la carta_____ **187**

Brevísima presentación

La vida

Alarcón, Pedro Antonio de (Guadix, Granada, 1833-Madrid, 1891). España. Hizo periodismo y literatura. Su actividad antimonárquica lo llevó a participar en el grupo revolucionario granadino «la cuerda floja».

Intervino en un levantamiento liberal en Vicálvaro, en 1854, y —además de distribuir armas entre la población y ocupar el Ayuntamiento y la Capitanía general— fundó el periódico *La Redención*, con una actitud hostil al clero y al ejército. Tras el fracaso del levantamiento, se fue a Madrid y dirigió *El Látigo*, periódico de carácter satírico que se distinguió por sus ataques a la reina Isabel II.

Sus convicciones republicanas lo implicaron en un duelo que trastornó su vida, desde entonces adoptó posiciones conservadoras.

Al señor don Mariano Vázquez
Maestro de música, individuo de número de la Real Academia de Bellas Artes, comendador de la Real y Distinguida Orden de Carlos III, y de número de la de Isabel la Católica.

Mi muy querido Mariano: Juntos hemos hecho, no solo algunos de los viajes que menciono en la presente obra, como el de Madrid a Toledo y el de El Escorial a Ávila, sino también el muy y más importante de la adolescencia hasta la vejez, pasando por los desiertos de la ambición...

Saliste tú de aquella metódica y bendita casa de la calle de Recogidas de Granada, en donde, puedo decir que sin maestro, aprendiste a interpretar las sublimes creaciones del Haydn español, o sea del maestro Palacios, del colosal Beethoven, del profundo Weber, del apasionado Schubert y de otros grandes compositores casi desconocidos entonces en nuestra Península; y salí yo de mi seminario eclesiástico de Guadix (fundado sobre las ruinas de un palacio moro), llevando en pugna dentro de mi agitado cerebro a santo Tomás y a Rousseau, a Job y a lord Byron, a fray Luis de León y a Balzac, a Savonarola y a Aben-Humeya...

Nuestro encuentro, hoy mismo hace treinta años, fue en la Alhambra... Allí estaban ya reunidos, soñando también con la gloria, los demás que de cerca o de lejos habían de acompañarnos en la peregrinación. Fernández Jiménez, Moreno Nieto, Castro y Serrano, Manuel del Palacio, tu pobre hermano Pepe, Antonio de la Cruz, Salvador de Salvador, Pérez Cossío, Soler, Pepe Luque, Moreno González, Pineda, e tanti altri, hoy ya viejos o muertos, levantaron el vuelo con nosotros o como nosotros, desde aquella deliciosa mansión, en que habíamos formado la célebre sociedad de La Cuerda, hasta las ingratas orillas del Manzanares, donde algunos seguimos viviendo juntos dos años más, bajo la denominación de Colonia Granadina... ¡Calle del Mesón de Paredes! ¡calle de los Caños! ¡fonda del Carmen, que ya no existes! ¡ventorrillos, ventas y posadas, en que tan pobre y alegremente pernoctamos durante nuestras primeras etapas por el mundo de las Letras, de las Artes, de las Ciencias o de la Política!... ¿Quién os dijera que muchos de aquellos locos mozuelos que tan dificultosamente pagaban el gasto diario y tan alborotada traían la vecindad, habían de convertirse en estas graves personas que hoy se complacen en recordar, como inverosímiles leyendas, o cual si refiriesen travesuras de sus propios hijos, aquellas graciosas cuanto inocentes calaveradas, no reñidas con el más asiduo y heroico trabajo?

En Dios y mi ánima te juro, reduciéndome a hablar de ti, Mariano mío, que cuando, hace poca tiempo, te veía dirigir con universal aplauso la orquesta del teatro Real, de donde mengua es de España que estés alijado y donde no has sido sustituido ni lo serás nunca; cuando escuchaba a insignes artistas nacionales y extranjeros ensalzar tu nombre sobre el de todos los que habían ocupado aquel verdadero trono de la Música, me regocijaba tu gloria cual si fuera mía, o por lo menos, de toda la Colonia Granadina, de 1854 a 1856, y que igual placer y ufanía siento cada vez que asisto a los grandes triunfos que sigues alcanzando como Director de la sabia Sociedad de Conciertos, admiración de propios y extraños...

Todas estas cosas, que nunca te he dicho privadamente, tenía ganas de decirte en público, y por eso y para eso te dedico este libro, en que varias veces te nombro y en que figuras como actor y parte. Mucho lamento no haber podido escribir en él nuestras visitas a Toledo y a Ávila tan extensamente como algunas otras de mis expediciones artísticas o poéticas; pero tú suplirás con tu buena memoria lo que yo omita al hacer mención de aquéllas, y volverás a reírte homéricamente al recordar al Tío Tereso de Toledo y al cicerone que solo tenía empeño en que viéramos la campana gorda de la Catedral, o bien cuando te representes en la imaginación aquella mañana deleitosísima en que, con tu hermano Paco, salimos a esperar a los arrieros que llevan de El Barco de Ávila a la estación de Ávila la rica uva que tanto se estima en Madrid, y nos comimos no sé cuántas libras por cabeza, al otro lado de la ciudad, recostados en una romancesca muralla de color de naranja marchita, dando cara a un paisaje verde y pedregoso, más activos y descuidados que a la presente, y con mucho, muchísimo menos luto en el alma...

Adiós, Mariano. Recibe con indulgencia este libro, y recibe también un abrazo fraternal de tu paisano, amigo y compañero de viaje,

Pedro
Madrid, 18 de enero de 1883

Una visita al Monasterio de Yuste

I

Si sois algo jinete (condición sine qua non); si contáis además con cuatro días y treinta duros de sobra, y tenéis, por último, en Navalmoral de la Mata algún conocido que os proporcione caballo y guía, podéis hacer facilísimamente un viaje de primer orden —que os ofrecerá reunidos los múltiples goces de una exploración geográfico-pintoresca, el grave interés de una excursión historial y artística, y la religiosa complacencia de aquellas romerías verdaderamente patrióticas que, como todo deber cumplido, ufanan y alegran el alma de los que todavía respetan algo sobre la tierra... Podéis, en suma, visitar el Monasterio de Yuste.

Para ello... (suponemos que estáis en Madrid) empezaréis por tomar un billete, de berlina o de interior, hasta Navalmoral de la Mata, en la «Diligencia de Cáceres» —que sale diariamente de la calle del Correo de ésta que fue corte, a las siete y media de la tarde.

La carretera es buena por lo general, y en ningún paraje peligrosa. Pasaréis sucesivamente por la Dehesa de los Carabancheles, donde los Artilleros tenían establecida su muy notable Escuela práctica —por las Ventas de Alcorcón y por Alcorcón mismo, que es como si dijéramos por el Sèvres de los actuales madrileños—; por Móstoles, donde os acordaréis de su órgano y de su célebre alcalde del año de 1808; por Navalcarnero, uno de los principales lagares que surten de peleón a Madrid; por Valmojado, que nada tiene de mojado ni de valle, pues ocupa un terreno muy alto y arcilloso; por Santa Cruz del Retamar, abundante en fiebres intermitentes y en carbones; por Maqueda, todavía monumental hoy, cuanto poderosa en la antigüedad romana y en tiempos de nuestra doña Berenguela —y, en fin, por Santa Olalla, patria del historiador Alvar Gómez de Castro y del predicador Cristóbal Fonseca, ambos insignes varones y literatos—; con lo cual, al amanecer (dado que viajéis, como os lo aconsejamos, en primavera o en otoño), os encontraréis en Talavera de la Reina, confirmada (supongo) recientemente con el nombre de Talavera de la República federal.

Dicho se está que en todo este trayecto no habéis visto casi nada, a causa de la oscuridad de la noche y de haber ido proveyéndoos de sueño, o bien de dormición o dormimiento (como se decía antaño, para evitar confusiones entre la gana y el acto de dormir), y en ello habréis hecho perfectamente, pues no os esperan grandes hôteles, que digamos, en toda vuestra romería; –pero al llegar a Talavera, donde se detiene el coche una hora y se toma chocolate, despertaréis, sin duda alguna, y podréis ver al paso muchas y muy buenas cosas...

Por ahorraros gastos, no presuponemos que caéis en la tentación de pasar todo un día en aquella ilustre villa, cuna del ínclito Padre Mariana; rica de monumentos arquitectónicos; emporio de los opimos frutos y frutas de todo el país que vais a recorrer; renombrada por sus barros cocidos, que os indemnizan del bochorno cerámico que pasasteis en Alcorcón, y vecina del memorable campo de batalla en que españoles e ingleses dimos tan buena cuenta de José Napoleón, de Sebastiani, de Víctor y de otros generales del Imperio, con más de 50.000 soldados vencedores de Europa... En otro caso vierais allí, además de las murallas, y la catedral, y los conventos, y los palacios, los celebérrimos jardines y alamedas que forman un paseo público a la orilla del noble Tajo... Pero ¡nada!, vosotros vais a Yuste exclusivamente, y no podéis deteneros en parte alguna...

Montaréis, pues, de nuevo en la Diligencia, y dejando a la izquierda el gran río y viendo siempre a la derecha la cadena del Guadarrama (que, con el nombre de Sierra de Gredos y otros, se extiende hasta Portugal), continuaréis vuestro camino y cruzaréis por delante de la imponente villa de Oropesa, de aspecto feudal, coronada por su viejo castillo y presidida por el magnífico palacio de los antiguos condes de Oropesa, hoy duques de Frías... Como sabéis adónde vais, no dejaréis seguramente de saludar agradecidos aquella villa, ni de pensar con reverencia en los mencionados condes, cuyos recuerdos habéis de encontrar íntimamente ligados con los del Monasterio de Yuste; y cumplida esta obligación, pasaréis por la Calzada de Oropesa, último pueblo de la provincia de Toledo; entraréis poco después en Extremadura, y, en fin, a eso de las doce del día os hallaréis en Navalmoral de la Mata.

En aquella importante villa, perteneciente ya a la provincia de Cáceres, cabeza de partido judicial y distante de Madrid 172 kilómetros, es donde os esperan el caballo y el guía. Dejaréis, por tanto, seguir a la Diligencia su rumbo al Sudoeste, y vosotros tomaréis el sendero que preferían siempre los condes de Oropesa para dirigirse a Yuste desde su mencionada villa señorial, ora cuando el famoso Garci-Álvarez iba, a principios del siglo XV, a proteger la fundación del Monasterio, ora cuando un descendiente suyo acudía, ciento cincuenta años después, a visitar a Carlos V o a asistir a sus exequias. Es decir, que os encaminaréis al lugarcillo de Talayuela (12 kilómetros); pasaréis por la barca del mismo nombre el caudaloso Tiétar, tan desprovisto de puentes; entraréis en la célebre Vera de Plasencia, y por Robledillo de la Vera, iréis a hacer noche a Jarandilla.

De este modo, habiendo andado unas diecisiete horas en coche y cosa de seis leguas a caballo, os hallaréis a las veinticuatro horas de haber salido de Madrid, a legua y media de Yuste, en una villa importante (Jarandilla es cabeza de otro partido judicial), perteneciente también a los Estados de Oropesa o Frías, cuyo palacio o casa solariega albergó algunos meses al nieto de los Reyes Católicos mientras acababan de disponerle sus habitaciones en el convento.

Nosotros os dejamos ahora allí —donde creemos no os falte la necesaria industria para buscar la posada, cenar, acostaros y trasladaros a la mañana siguiente, muy tempranito, al lugar de Quacos, distante de Yuste un cuarto de legua, y donde vive el administrador del señor marqués de Miravel, actual dueño del Monasterio (administrador que es muy amable y que os acompañará en vuestra visita, u os proporcionará los medios de que lo veáis todo a vuestro sabor); nosotros os dejamos en Jarandilla, repetimos, y, retrocediendo a las orillas del Tiétar, vamos a exponeros cómo y por dónde llevamos a cabo, por nuestra parte, hace poco tiempo, y arrancando de otro lugar, esta misma excursión al célebre retiro del que fue dueño del mundo.

Cinco kilómetros más abajo de Talayuela, o sea de su barca, hay una hermosa finca, denominada el Baldío, situada en majestuosa, pero muy alegre soledad.

El Baldío forma una especie de anfiteatro sobre el Tiétar, que es su límite al Norte. En medio de este anfiteatro se eleva el caserío, teniendo al Sur un soberbio pinar y a los lados extensos bosques de robles o de encinas. Por las ventanas de todas sus habitaciones, que dan al septentrión, se descubre:

primero, una faja de vega, de un kilómetro de ancho, que va a morir en el río; luego el mismo río, orlado de pomposas arboledas, y, a su otra margen, un segundo anfiteatro, que es la Vera de Plasencia, y que termina en las perpetuas nieves de las Sierras de Jaranda y de Gredos.

Las ventanas del Baldío dan, pues, frente al Monasterio de Yuste, escondido en una leve ondulación de la falda meridional de la Sierra de Jaranda, pero cuya situación y cercanías se divisan perfectamente. Es decir, que el Baldío y Yuste tienen un mismo horizonte y están incluidos en la misma cuenca general del terreno, por cuyo fondo corre mansamente el Tiétar, navegable en aquella región, y tan grandioso y opulento como el propio Tajo, a quien poco después rinde vasallaje.

Tres leguas escasas (dos a vuelo de pájaro) dista Yuste del Baldío, y nosotros, que residíamos accidentalmente en este último paraje, llevábamos muchos días de contemplar a todas horas aquel otro solitario lugar, encerrado entre una gran sierra y un gran río, sin más comunicación con el mundo que unas poco frecuentadas veredas, y donde había pasado los últimos dos años de su vida aquel que llenó el universo con su nombre y sus hazañas, y cuyos dominios no dejaba nunca de alumbrar el Sol.

Un porfiado temporal había ido retrasando la visita que desde que llegamos al Baldío nos propusimos hacer a Yuste, hasta que al fin serenóse el tiempo, y el día 3 de mayo (del presente año de 1873) montamos a caballo; pasamos el Tiétar por otra barca, propiedad de nuestro amable y querido huésped, penetramos en la Vera de Plasencia, y nos dirigimos al insigne Monasterio por el camino de Jaraiz.

Ninguna estación más a propósito para apreciar y admirar todos los encantos de la famosísima Vera, país de la fertilidad y de la incomunicación; especie de Alpujarra chica, en que el río hace las veces del mar, y Sierra de Jaranda y Sierra de Gredos suplen por la colosal Sierra Nevada.

La primavera estaba en todo su esplendor. Primero caminamos por magníficas dehesas, sobre una llanísima alfombra de verdura y bajo un dosel de magníficos robles, encinas, fresnos, sauces y almeces, a través de cuyos severos troncos penetraba horizontalmente el alegre Sol de la mañana. Después salimos a un monte cubierto de jarales floridos, cuyas blancas flores eran tantas, que parecía que el monte estaba nevado. Luego pasamos el hondo río Jaranda, por el tosco, sabio y gracioso Puente de la Calva, y principiamos la ascensión a Jaraiz, risueña y populosa villa, por cuyos arrabales desfilamos a eso de las ocho.

Estábamos a una legua de Yuste. Esta legua recorre un país abrupto, selvático, atroz; pero pintoresco a sumo grado Hay sobre todo un paraje, llamado la Garganta de Pelotache, que es digno de los honores del pincel y de la fotografía. Allí se despeña rapidísimo un espumoso río por planos inclinados de formidables rocas, sobre las cuales se eleva a extraordinaria altura cierto viejo y gastado puente de tablas, atravesando el cual no puede uno menos de encomendar el alma a Dios. Las orillas de esta semicatarata son de una rudeza y amenidad imponderables, así como es muy celebrada, y ciertamente fresquísima y muy delgada y gustosa, el agua de la gran fuente que de una peña brota al otro lado de aquel abismo.

Pasada la Garganta de Pelochate, podíamos escoger dos senderos para llegar a Yuste: el uno va por Quacos, lugarcillo de 300 vecinos, que, como hemos apuntado, dista un cuarto de legua del Monasterio; el otro... no existe verdaderamente, sino que lo abre cada viajero por donde mejor se le antoja, caminando a campo travieso...

Nosotros escogimos este último, a pesar de todos sus inconvenientes. Una aversión invencible, una profunda repugnancia, una antipatía que rayaba más en fastidio que en odio, nos hacía evitar el paso por Quacos.

Y era que recordábamos haber leído que los habitantes de este lugar se complacieron en desobedecer, humillar y contradecir a Carlos V durante, su permanencia en Yuste, llegando al extremo de apoderarse de sus amadas vacas suizas, porque casualmente se habían metido a pastar en término del pueblo, y de interceptar y repartirse las truchas que iban destinadas a la mesa del emperador. Hay quien añade que un día apedrearon a don Juan de Austria (entonces niño), porque lo hallaron cogiendo cerezas en un árbol perteneciente al lugarejo...

Pero ¿qué más? ¡Aun hoy mismo, los hijos de Quacos, según nuestras noticias, se enorgullecen y ufanan de que sus mayores amargasen los últimos días del César, por lo que siguen tradicionalmente la costumbre de escarnecer el entusiasmo y devoción histórica que inspiran las ruinas de Yuste!...

Alguien extrañará que Carlos V no declarase la guerra a los habitantes de Quacos, pidiendo a su hijo Felipe II veinte arcabuceros que les ajustasen las cuentas... Pero ¡ah! el vencedor de Europa no había ido al convento en busca de guerra, sino de paz, y, por otra parte, si hubiese castigado a aquellos insolentes, el desacato y desamor de éstos se habrían hecho públicos y dado margen a mil comentarios en toda Europa. Los pequeños lo calculan muy bien todo cuando se atreven a insultar la misma grandeza a cuyos pies solían arrastrarse miserablemente... El emperador se hizo, pues, el desentendido, y devoró en silencio, como una penitencia, aquellas mortificaciones de su orgullo.

Conque decía que nosotros anduvimos a campo travieso la última media legua que nos separaba de Yuste. Pronto nos sirvió de guía el propio Convento, que vimos aparecer allá a lo lejos, al pie de una árida ladera de Sierra de Jaranda, que lo defiende de los vientos del Norte. Por la parte del Sur lo resguarda también de las miradas del mundo cierta suave colina, que forma con la dicha sierra una especie de vallecejo o cañada, cuya máxima longitud descubríamos nosotros sin dificultad, por ir entonces marchando de Poniente a Levante.

El aspecto del Monasterio, a aquella distancia, realizaba completamente el poético ideal que nos habíamos formado de él desde niños, y que hace veinte años nos sugirió algunas páginas tituladas: Dos retratos. Cercado de robles y sombreado más intensamente a la parte del Sur por una verde cortina de corpulentos, piramidales olmos, aquel antiguo refugio de los desengañados de la tierra parecía como un oasis en medio del desierto, como una isla en un océano tormentoso. Tan rica vegetación, tanta lujosa verdura, tan abrigada soledad y las austeras líneas de la Santa Casa que destacaba su mole, de un color gris de hoja seca, sobre la oscuridad del ramaje, contrastaban dulcemente con el áspero y desordenado panorama que se veía en torno, con los esquivos montes, con las bruscas quebradas, con los rudos matorrales, con la misma pedregosa tierra que cruzábamos.

Finalmente, salimos al camino que vosotros tendríais que seguir para llegar a Yuste, esto es, al que desde el pobre Quacos sube al Monasterio...

O, por mejor decir, nosotros ya estábamos casi en el Monasterio mismo...

Una enorme cruz de piedra y una alta cerca o tapia de cenicientos peñones nos decía que allí principiaba la sagrada jurisdicción de Yuste.

Por aquel escabroso camino, en que solo nos restaba que andar algunos pasos, llegó Carlos V a su final retiro el día 3 de febrero de 1557, y por el propio sendero pasó su cadáver, después de haber yacido allí algunos años, para ir a continuar su sueño eterno en el panteón de El Escorial. Ya veremos más adelante cómo este sueño ha sido también turbado recientemente en el imperial sarcófago de san Lorenzo, y cómo nosotros llegamos, por nuestra parte, a profanar asimismo con la mirada, en pública y sacrílega exhibición, la momia del invicto César.

Detengámonos ahora a contemplar un inmenso Escudo de piedra que adorna la alta cerca de que hablamos antes. Él resume y compendia todo lo que hemos de ver y de pensar dentro de Yuste.

Aquel Escudo, abrigado por las poderosas alas del águila de dos cabezas y encerrado entre las dos columnas de Hércules, con la leyenda de Plus ultra, comprende en sus cuarteles las armas de todos los Estados del augusto Monje. De estas armas resulta que el hombre que fue allí a abreviar voluntariamente su vida y a anticipar su muerte, acababa de ser en el mundo: «Emperador de los romanos, rey de Alemania, de Castilla, de León, de Aragón, de las dos Sicilias, de Jerusalén, de Hungría, de Dalmacia, de Navarra, de Granada, de Toledo, de Valencia, de Galicia, de Sevilla, de Mallorca, de Cerdeña, de Córdoba, de Córcega, de Murcia, de Jaén, de los Algarbes, de Algeciras, de Gibraltar, de las islas de Canaria, de las Indias, Islas y Tierra Firme del mar Océano; Archiduque de Austria, duque de Borgoña, de Brabante, de Loteringia, de Corincia, de Carmola, de Luzaburque, de Luzemburque, de Gueldres, de Athenas y Neopatria; conde de Brisna, de Flandes, del Tirol, de Abspurque, de Artoes y de Borgoña; Palatino de Nao, de Holanda, de Zelanda, de Ferut, de Fribuque, de Amuque, de Rosellón de Aufania; L'antzgrave de Alsacia; marqués de Borgoña y del Sacro Romano Imperio, de Oristán y de Gociano; Príncipe de Cataluña y de Suevi; Señor de Frisa, y de la Marca, y de Labomo, de Puerta; Señor de Vizcaya, de Molina, de Salinas, de Trípol, etc.

Encima del Escudo hay un Medallón con un busto de san Jerónimo en alto relieve.

Debajo del Escudo se lee esta Inscripción, casi borrada por la acción del tiempo sobre la mala calidad de la piedra:

En esta santa casa de san Jerónimo se retiró a acabar su vida el que toda la gastó en defensa de la Fe y conservación de la Justicia, Carlos V, emperador, rey de las Españas, cristianísimo, invictísimo. Murió a 21 de septiembre de 1558.

Acerca de esta misma vida, gastada toda efectivamente en una perpetua campaña, ocúrrenos copiar aquí algunas palabras del discurso en que Carlos V abdicó en su hijo los Estados de Flandes, pocos meses antes de retirarse a Yuste.

«Nueve veces (dijo, a fin de justificar ante su corte el cansancio y los achaques en que fundaba su determinación), nueve veces fui a Alemania la Alta, seis he pasado en España, siete en Italia, diez he venido aquí, a Flandes, cuatro, en tiempo de paz y guerra, he entrado en Francia, dos en Inglaterra, otras dos fui contra África, las cuales todas son cuarenta, sin otros caminos de menos cuenta que por visitar mis tierras tengo hechos. Y para esto he navegado ocho veces el mar Mediterráneo y tres el Océano de España, y agora será la cuarta que volveré a pasarle para sepultarme...»

Pero nosotros no escribimos la historia de Carlos V, sino en todo caso la de Yuste. Bueno será, pues, que antes de penetrar en el Monasterio digamos todo lo que se sabe acerca de su fundación y rápido desarrollo hasta el momento en que representó tan importante papel en el mundo, así como respecto de su lamentable ruina.

II

El breve bosquejo que vamos a hacer de la historia del Monasterio de Yuste desde su fundación hasta los tiempos presentes, no supone de nuestra parte prolijas investigaciones ni detenidos estudios. Significa tan solo que, cuando visitamos aquellas venerables ruinas, tuvimos la fortuna de que el celoso empleado que las custodia nos enseñase y nos permitiese extractar rápidamente un preciosísimo infolio manuscrito que guarda allí como oro en paño el señor marqués de Miravel, actual propietario de aquellos que llegaron a ser bienes nacionales.

Dicho manuscrito, que constituye un abultado tomo, pudiera llamarse la Crónica del Convento, y fue redactado por uno de los últimos religiosos que habitaron aquella soledad —por el padre fray Luis de Santa María—, quien se valió para ello del Libro de Fundación del Monasterio, de las Actas de profesión de sus individuos y de las Escrituras y Cuentas referentes a los pingües bienes que llegó a poseer la Comunidad.

Con este libro, y con las muchas noticias y apuntes que nos ha suministrado una persona muy estudiosa y versada en todo lo concerniente a la Vera de Plasencia —el señor don Félix Montero Moralejo— hemos tenido lo bastante para aprender en pocas horas cuanto puede saberse acerca de Yuste; como vosotros, lectores, podréis aprenderlo también en un momento, si nos prestáis vuestra benévola atención.

«En el año de 1402, sobre una de las colinas que se elevan al Norte del actual convento, alzábase una pequeña ermita, llamada del Salvador, a la cual iban anualmente, en alegre y devota romería, los pueblos comarcanos. Cerca de aquel modesto santuario había un rico manantial, conocido por la Fuente-Santa, nombre que debió a la catástrofe ocurrida a catorce obispos que, refugiados en la dicha ermita cuando la invasión de los árabes, fueron descubiertos por éstos y degollados bárbaramente sobre el cristalino manantial, rojo luego con la sangre de aquellos ilustres mártires.

»Sin duda alguna, a la celebridad de este acontecimiento y a la veneración en que los naturales de la Vera tenían la Ermita del Salvador, debióse que por entonces resolvieran trasladarse a ella y establecerse allí dos santos anacoretas que moraban hacía tiempo en la ermita de San Cristóbal de Palencia.

»Ello es que en una hermosa tarde del mes de junio de 1402 (la tradición así lo refiere), Pedro Brales o Brañes y Domingo Castellanos, con tosco sayal y larga barba, precedidos de un jumento, portador de escasos y pobres enseres, después de una jornada de siete leguas que dista la ciudad de Plasencia, llegaban al oscurecer al escabroso y elevado sitio que ocupaba la Ermita del Salvador, y, en ella instalados, continuaron, como en la de San

Cristóbal, su vida cenobítica y penitente, a que se prestaba más y más aquel solitario sitio.

»Sin embargo, la considerable altura a que éste se encontraba, en la ladera misma de la sierra, y los augurios de algunas personas del inmediato pueblo de Quacos, hicieron pronto temer a los ermitaños que les fuera imposible habitar la Ermita del Salvador en la estación de las nieves y las aguas. Pero era tan majestuosa, por lo deleitable y absoluta, la soledad en que allí vivían, que de manera alguna quisieron abandonarla por completo, y a fin de evitar el peligro de helarse que podrían correr en las escarpadas rocas donde moraban, bajaron a inspeccionar las faldas de aquella misma sierra en busca de un paraje lo más próximo posible al Salvador, donde al abrigo de los elementos pudiesen continuar su vida de penitencia.

»Así llegaron a un escondido barranco, por en medio del cual corría el cristalino arroyo llamado Yuste, a cuyas orillas crecían algunos árboles, y donde toda la naturaleza se mostraba más benigna que en los alrededores. Parecióles aquel punto muy a propósito para establecerse, y, sentándose bajo un árbol a descansar de su largo reconocimiento, proyectaban ya bajar a Quacos al siguiente día a tratar de la adquisición de aquel terreno, cuando apareció por allí un hombre, que se les acercó afablemente y trabó conversación con ellos como si los conociera de toda la vida.

»Pronto supieron por sus explicaciones que era un vecino de Quacos, llamado Sancho Martín, propietario de todo aquel barranco, y que casualmente había subido aquella tarde a recorrerlo, cosa que no solía hacer. Enteróse por su parte el recién llegado campesino del deseo de ambos cenobitas, y en aquel mismo punto y hora hízoles donación del pedazo de terreno que necesitaban, asaz inculto por cierto; donación que se confirmó en 24 de agosto de aquel mismo año de 1402, ante el escribano Martín Fernández de Plasencia. Por eso el modesto labrador Sancho Martín ocupa el primer lugar en la Crónica de fray Luis de Santa María, entre los protectores del Monasterio de Yuste; lista en que más adelante figuran potentados y monarcas.

»Poco tiempo después se unieron a los dos citados cenobitas otros varios hombres piadosos que deseaban también consagrarse a una vida retirada y ascética, entre los cuales descollaron pronto Juan (de Robledillo) y Andrés (de Plasencia), cuyos apellidos no dicen las crónicas, designándolos únicamente con el de los pueblos en que nacieron, y todos juntos dedicáronse a construir sus celdas en el terreno donado por Sancho Martín, que es el que hoy ocupan la Panadería, la Casa del obispo y las Caballerizas. Aquellas celdas fueron al principio sumamente toscas y reducidas, cual convenía al objeto de los fundadores, quienes no dejaron de seguir cuidando también la Ermita del Salvador y de orar en ella diariamente.

»Cinco años de reposo, oración y penitencia pasaron allí aquellos solitarios; pero a fines de 1406 los oficiales de diezmos principiaron a fijar su atención en los Hermanos de la pobre vida, nombre que habían adoptado los anacoretas establecidos a la orilla del arroyo Yuste. Negábanse éstos a pagar la contribución que se les exigía, fundándose en la escasez de los productos de su huerta y artefactos, y, apremiados por los oficiales, acudieron a don Vicente Arias, obispo de Plasencia, para que los eximiese del diezmo. El Prelado denegó la solicitud, y ordenó que pagasen incontinenti todo lo que se les exigía.

»Atribulados cuanto sorprendidos los Hermanos de la pobre vida con tan acre e inesperada resolución, acordaron elevar al Papa Benedicto XIII una súplica pidiéndole autorización para erigir una capilla a san Pablo, primer ermitaño; y Juan de Robledillo y Andrés de Plasencia encargáronse de llevar a Roma la solicitud. Llegaron al fin éstos a la Ciudad Eterna, después de una larga y penosa marcha a pie y mendigando, y arrojáronse a los pies de Su Santidad, quien, no solo les concedió cuanto pedían, sino que por una Bula les otorgó campanillas, campana, cementerio y licencia para que celebrasen Misa en aquella soledad todos los ermitaños que fuesen sacerdotes. Esta concesión tuvo efecto en 1407.

»Extraordinario fue el júbilo que experimentaron y con que fueron recibidos en Yuste los dos animosos comisionados, los cuales, dos días después de su llegada, se presentaron con la Bula ante el obispo de Plasencia, a fin de que ordenase su ejecución. Pero el Prelado, creyéndose herido en su dignidad, cuando solo podía estarlo en su amor propio, por aquel triunfo de los humildes cenobitas, negó temerariamente su obediencia al mandato pontificio, y ordenó a cierto religioso llamado fray Hernando que pasase a Yuste y se incautase de los bienes de los ermitaños, despidiéndolos además de sus celdas. Así lo verificó el fraile, y los Hermanos de la pobre vida bajaron a Quacos, en donde la caridad pública les dio albergue y limosna.

»No se desalentaron los cenobitas, ni eran hombres fáciles de vencer los dos recién llegados de Roma. Muy por el contrario: estos infatigables varones, sin descansar de su larga y penosa peregrinación, encamináronse a Tordesillas, residencia entonces del infante don Fernando, hermano del rey de Castilla don Enrique III el Doliente, y le expusieron sus agravios, pidiéndole protección contra el obispo de Plasencia. Favorable acogida alcanzaron los dos comisionados en el ánimo de aquel ilustre Príncipe, quien comenzó, a fuer de prudente y morigerado, por entregarles una carta para el mismo prelado Arias, en que le suplicaba devolviese los bienes a los Hermanos de la pobre vida y les permitiera hacer uso de la concesión del Sumo Pontífice. Pero el que había desobedecido al sucesor de san Pedro, no reparó tampoco en desatender la respetuosa carta del hermano del rey, y los dos religiosos tornaron presto al lado del Infante con la noticia de que el obispo no había hecho caso alguno de su respetuosa cuanto respetable recomendación.

»Enojóse grandemente don Fernando, y maravillado de aquella tenaz rebeldía, al par que decidido a vencerla, entregó a los monjes una carta para don Lope de Mendoza, arzobispo de Compostela, de quien era sufragáneo el obispo Arias, encargándoles volviesen a darle cuenta de cómo los había recibido y de las disposiciones que había tomado. Partieron, pues, Juan de Robledillo y Andrés de Plasencia a Medina del Campo, punto en que residía el arzobispo, el cual, leído que hubo, con tanta indignación como asombro, la carta de don Fernando, ampliada con el relato de los dos humildes ermitaños, albergó cariñosamente a éstos en su propia posada, y cuando los vio repuestos de tan continuos viajes y sinsabores, dioles dos cartas, una de ellas para el rebelado obispo, en que, bajo santa obediencia y pena de excomunión, le ordenaba cumplir lo mandado por Su Santidad, y otra para Garci-Álvarez de Toledo, señor de Oropesa, rogándole se encargase de la ejecución de lo preceptuado por el Papa, a cuyo fin le autorizaba para que obligase al obispo Arias a devolver sus bienes a los Hermanos de la pobre vida.

»La fecha de estas dos cartas es de 10 de junio de 1409.

»Provistos de ellas, pasaron otra vez los dos religiosos a Tordesillas, y se las mostraron al infante don Fernando, el cual se complació mucho en leerlas y les dio otra para el mismo Garci-Álvarez, recomendándole vivamente el negocio que le había cometido el ilustre arzobispo de Compostela.

»Veraneaba a la sazón en su palacio señorial de Jarandilla el poderoso señor de Oropesa Garci-Álvarez, quien recibió a los dos cenobitas con extraordinaria benevolencia, y enterado de los escritos de que eran portadores, les manifestó que, siendo aquel día la festividad del Nacimiento de san Juan Bautista, dejaba para el siguiente el pasar a Yuste, adonde podían ellos marchar desde luego (Yuste dista de Jarandilla poco más de una legua, como ya hemos indicado), a decir a sus hermanos que se les haría cumplida justicia. Con esto, dirigiéronse ambos comisionados a Quacos, donde residía el resto de la Comunidad, caritativamente albergada por aquellos vecinos, entonces muy partidarios de todo lo que hacía relación con el naciente Monasterio de Yuste: y llegado que hubieron Plasencia y Robledillo al puente situado a la entrada del lugar, fueron recibidos por unos y otros con abrazos y fraternal regocijo; con lo que, siendo la hora de vísperas, trasladáronse todos a la iglesia a dar gracias al Señor por la victoria que les había concedido.

»En la mañana del siguiente día, 25 de junio, cuando apenas alboreaba, el señor de Oropesa y un su amigo de Trujillo, que veraneaba con él en Jarandilla, y cuyo nombre omiten las crónicas, caballeros en briosos corceles y seguidos de brillante comitiva, pasaron por Quacos con dirección a Yuste. El concejo y vecinos de aquel lugar, y, por supuesto, todos los despojados anacoretas, siguieron a pie al esclarecido magnate, entre grandes aclamaciones, y de este modo llegaron al Monasterio, donde permanecía fray Hernando como administrador o encargado del obispo de Plasencia.

»Aquel religioso intentó al principio eludir el cumplimiento de las órdenes que llevaba Garci-Álvarez; pero éste mostró tal energía y asustó de tal manera al fraile intruso (así le llama el libro del convento), que fray Hernando acabó por hacer entrega de todos los bienes de Yuste a los Hermanos de la pobre vida, a quienes donaron por su parte gruesas sumas el de Oropesa y el caballero trujillano, ofreciéndolos al despedirse constante protección para cuanto se les ocurriese en lo sucesivo.

»Pero de aquí en adelante todo fue ya favorable a la santa empresa de aquellos animosos solitarios. Desde luego pusiéronse bajo la vocación de san Jerónimo y protección de fray Velasco, prior de los Jerónimos de Guisando, hasta que en 1414 los vemos acudir a Guadalupe, asiento del Capítulo general de la Orden, solicitando ingresar en ella y ser reconocidos como verdadera comunidad. Algunas objeciones les pusieron los padres graves de Guadalupe, alegando que los Hermanos de la pobre vida carecían de las fincas o elementos necesarios para sostener con decoro la elevada Orden Jerónima; pero Juan de Robledillo y Andrés de Plasencia acudieron a su protector Garci-Álvarez, que por entonces residía en Oropesa, el cual montó enseguida a caballo y se presentó ante el Capítulo de Guadalupe, haciendo suya la solicitud de los anacoretas de Yuste. Reprodujeron los Jerónimos las razones de su anterior negativa, y oídas por el señor de Oropesa, exclamó sin vacilar: 'Pues bien; hoy por mí, mañana por mis descendientes, me obligo a cubrir todas las necesidades del Monasterio de Yuste'.

»Ante esta arrogante y caballeresca donación, tan propia del sujeto que la hacía, el Capítulo declaró Jerónimos a los Hermanos de la pobre vida, quedando así fundado definitivamente el convento que había de ser orgullo de la Orden. Su primer Prior fue fray Francisco de Madrid, ignorándose las razones por qué no recayó este cargo ni en Robledillo ni en Plasencia. Finó con ello el año de 1414».

Tal es la historia de la fundación de Yuste. La de su rápido crecimiento, esplendorosa magnificencia y lamentable ruina nos detendrá también muy poco, pues ni ofrece tanto interés dramático como la porfiada lucha que acabamos de reseñar, ni creemos oportuno diferir demasiado la narración de nuestra visita a los venerables restos de aquella santa casa.

Diremos, pues, sucintamente, que don Juan II, don Enrique IV y los Reyes Católicos heredaron del piadoso hermano de don Enrique III el decidido empeño de proteger el Monasterio de Yuste; y que, del propio modo, los condes de Oropesa siguieron en estos reinados la tradición de Garci-Álvarez de Toledo y consagraron al propio fin gran parte de sus rentas.

Al principio se edificó, además de la magnífica iglesia que ya describiremos, un extenso y cómodo convento, a la verdad nada suntuoso; pero a mediados del siglo XVI, los mismos condes de Oropesa costearon casi solos otro gran Monasterio (todo de piedra y en el soberbio orden arquitectónico del Renacimiento), dejando para Noviciado el adyacente primitivo edificio. La nueva obra, que había de vivir menos que la antigua, fue terminada en 1554.

Cuando Carlos V concibió la primera idea de retirarse del mundo, fijó desde luego su atención, como en lugar muy a propósito para acabar tranquilamente su vida, en el Monasterio de Yuste, cuya fama llenaba ya el orbe cristiano, no solo por la grandiosidad de su fábrica y por la riqueza de la Comunidad, sino también por lo ameno, sosegado y saludable de aquel solitario sitio. Así es que algunos años antes de su abdicación, hallándose el César en los Países Bajos, encargó a su hijo don Felipe que, antes de partir a casarse con la Reina de Inglaterra, fuese al célebre convento y plantease en él las habitaciones que debían construirse para recibirlo y albergarlo en su día.

El que pronto había de llamarse Felipe II cumplió la orden paterna, y muy luego empezaron las obras del apellidado Palacio del emperador, palacio modestísimo, reducido a cuatro grandes celdas, cuyo destino fue al principio un secreto para los mismos religiosos que allí vivían, excepción hecha del Prior y de algún otro.

Más adelante veremos cómo Felipe II volvió algún tiempo después a Yuste. Ahora nos toca decir, con la misma fórmula que emplea el mencionado cronista de la casa, que Carlos V se estableció definitivamente en ella el día de san Blas de 1557, y murió el día de san Mateo de 1558, de modo que permaneció allí, haciendo hasta cierto punto vida de anacoreta, un año, siete meses y dieciocho días.

Pero no adelantemos los sucesos, pues su viaje desde Flandes al Monasterio ofreció algunas particularidades dignas de mención, que merecen párrafo aparte.

«Renunciadas así una tras otra las coronas —dice la Historia— determinó ya Carlos su viaje a España… La flota en que había de venir, que se componía de sesenta naves guipuzcoanas, vizcaínas, asturianas y flamencas, se reunió en Zuitburgo, en Zelanda, donde se dirigió Carlos (28 de agosto), acompañado del rey don Felipe, su hijo, de sus hermanas las reinas viudas de Francia y de Hungría, de su hija María y su yerno Maximiliano, rey de Bohemia, que habían ido a despedirle, y de una brillante comitiva de flamencos y españoles. Al pasar por Gante no pudo menos de enternecerse, contemplando la casa en que naci o, los lugares y objetos que le recordaban los bellos días de la infancia, y que visitaba por última vez para no volver a verlos jamás.

»Despidióse tiernamente de sus hijos, abrazó a Felipe, le dio algunos consejos para su gobierno y conducta, y se hizo a la vela (17 de septiembre), trayendo consigo a sus dos hermanas doña Leonor y doña María, reinas viudas ambas, que después de tantos años volvían a su patria y suelo natal. El 28 de septiembre arribó la flota al puerto de Laredo. "Yo te saludo, madre común de los hombres, exclamó Carlos al tomar la tierra. Desnudo salí del vientre de mi madre: desnudo volveré a entrar en tu seno." A pesar de esta abnegación, todavía se incomodó mucho por no haber hallado allí el recibimiento que esperaba, y no haber llegado aún la remesa de 4.000 ducados que preventivamente había pedido a la Gobernadora de Castilla, su hija, la princesa doña Juana, ni el condestable, los capellanes y médicos que necesitaba, pues los más de los capellanes y criados venían enfermos, y algunos habían muerto en la navegación. El mismo Luis Quijada, mayordomo de la Princesa regente, no pudo llegar hasta unos días después, por el fatal estado de los caminos; todo lo cual puso al emperador de malísimo humor y le hacía prorrumpir en desabridas quejas, no pudiendo sufrir verse en tal especie de desamparo el que tan acostumbrado estaba a mandar y ser servido.

»Partió el 6 de octubre de Laredo para Medina de Pomar, acompañado del alcalde de Durango, de la Chancillería de Valladolid, con cinco alguaciles, disgustado y como avergonzado de verse entre tantas varas de justicia, que parecía le llevaban preso. No quería que le hablaran de negocios; huía de que le tocaran asuntos políticos, y mostraba no tener otro anhelo que sepultarse cuanto antes en Yuste. Al fin le llegaron los 4.000 ducados, con lo cual prosiguió ya más contento a Burgos, donde llegó el 13 y permaneció hasta el 16, no queriendo que el condestable de Navarra le hiciese ningún recibimiento. Las dos reinas hermanas marchaban una jornada detrás por falta de medios de transporte, que esto le sucedía en su antiguo reino de Castilla al mismo que tantas veces y con tanta rapidez y tanto aparato había cruzado y atravesado la Europa. Marchaba tan lentamente, que empleó cerca de seis días desde Burgos a Valladolid. Alojóse en la casa de Rui Gómez de Silva, dejando el palacio para las reinas sus hermanas, que entraron después. Ocupóse el emperador en Valladolid en el arreglo de ayudas de costa y mercedes que había de dejar a los que hasta entonces le habían servido, en lo de la paga que se había de dar a los que con él habían venido de Flandes, y en lo que había de quedar para el gasto de su casa. Con esto partió de Valladolid (4 de noviembre), con tiempo lluvioso y frío, caminando en litera.

»Siguió su marcha por Valdestillas, Medina del Campo, Horcajo de las Torres, Alaraz y Tornavacas, y para franquear el áspero y fragoso puerto que separa este pueblo del de Jarandilla, fue conducido en hombros de labradores, porque a caballo no le permitían sus achaques caminar sin gran molestia, y en la litera no podía ir sin grave riesgo de que las acémilas se despeñasen. El mismo Luis Quijada anduvo a pie al lado del emperador las tres leguas que dura el mal camino. Por fortuna encontraron en Jarandilla (14 de noviembre) magnífico alojamiento en casa del conde de Oropesa, bien provisto de todo, y con bellos jardines poblados de naranjos, cidras y limoneros. Detuviéronse allí todos bastante tiempo, por las malas noticias que comenzaron a correr acerca de la temperatura de Yuste. En el invierno era castigado de frecuentes lluvias y de frías y densísimas nieblas, y en el verano le bañaba un Sol abrasador. Proclamaban a una voz sus criados que los monjes habían cuidado bien de hacer sus viviendas al Norte y defendidas del calor por la iglesia, mientras la morada del emperador y de sus sirvientes se había hecho al Mediodía y tenía que ser insufrible en la estación del estío. Con esto todos estaban disgustados y todos aconsejaban al emperador, inclusa su hermana la Reina de Hungría, que desistiera de su empeño de ir a Yuste y buscase otro lugar más favorable para su salud.

»Obligó esto al emperador a ir un día (23 de noviembre) a visitar personalmente su futura morada, y cuando todos esperaban que regresaría disgustado, volvió diciendo que le había parecido todo bien, y aun mucho mejor que se lo pintaban; que en todos los puntos de España hacía calor en el verano y frío en el invierno, y que no desistiría de su propósito de vivir en Yuste, aunque se juntase el cielo con la tierra.

»Seguía reteniendo al emperador en Jarandilla la falta de dinero para pagar y despedir la gente que había traído consigo, y aun para los precisos gastos de manutención, hasta que, habiendo llegado el dinero que tenía pedido a Sevilla (16 de enero de 1557), fue dando orden en la paga de los criados que más impacientes se mostraban por marchar. Con esto apresuró ya los preparativos para su entrada en Yuste, cosa que apetecían vivamente los monjes, tanto como la repugnaban y sentían cada vez más cuantos componían su casa y servicio.

»Entró, pues, el emperador Carlos V en el Monasterio de Yuste el 3 de febrero de 1557. Su primera visita fue a la iglesia, donde le recibió la Comunidad con cruz, cantando el Te Deum laudamus, y colocado después S. M. en una silla, fueron todos los monjes por su orden besándole la mano, y el Prior le dirigió una breve arenga, felicitando a la Comunidad por haberse ido a vivir entre ellos.»

De la vida que el César hizo en Yuste, algo nos dirá, aunque tan ruinoso, el propio Monasterio, cuando penetremos en él...; y para que esto no se retarde ya mucho, terminaremos rápidamente el extracto que vamos haciendo de los anales del edificio.

En 1570, doce años después de la muerte del emperador, fue a visitar su sepultura el rey don Felipe II, al paso que se dirigía a Córdoba con motivo de la rebelión de los moriscos de Granada. Dos días permaneció el severo Monarca en la que había sido última mansión de su augusto padre; pero «por respeto (dice el fraile cronista), no durmió en el dormitorio de éste, sino en un retrete del mesmo aposento, que apenas cabe una cama pequeña».

Ya veremos nosotros todas estas habitaciones, que existen todavía.

Cuatro años más tarde, terminado ya el Panteón de El Escorial, fue trasladado a su gran cripta el cadáver de Carlos V, con harto sentimiento de los padres Jerónimos de Yuste. Sin embargo, los reyes que sucedieron a Felipe II, lo mismo los de su dinastía que los de la de Borbón, continuaron dispensando al Monasterio grandes mercedes y muy decidida protección, con lo que siguió siendo uno de los más ricos y florecientes de la Orden jerónima.

Así llegó, sin novedad alguna digna de mencionarse, el año de 1809. Era el 12 de agosto, quince días después de la victoria obtenida por españoles e ingleses sobre los ejércitos de Napoleón delante de Talavera de la Reina.

Una columna francesa, parece que fugitiva o cortada, estuvo merodeando en la Vera, esperando a saber cómo podría reunirse al grueso del ejército derrotado. Los frailes de Yuste huyeron a su aproximación, y los soldados franceses profanaron la iglesia, robaron cuanto hubieron a mano, penetraron en el convento, saquearon su rica despensa y vaciaron su bien provista bodega, de cuyas resultas estaban todos, ebrios, cuando les llegó la orden de evacuar inmediatamente aquella comarca y salir a juntarse a las tropas del mariscal Víctor. Marcharon, pues, como Dios les dio a entender; pero no pudieron hacerlo diez o doce, cuya embriaguez era absoluta, por lo que se quedaron en el Monasterio durmiendo la borrachera. Sabedores de esta circunstancia los colonos y criados de la casa, que tan maltratados habían sido aquellos días por la soldadesca invasora, tomaron una horrible venganza en aquellos diez o doce hombres dormidos, a los cuales dieron muerte a mansalva. Dos días después fueron echados de menos por sus camaradas, quienes, sospechando lo ocurrido, enviaron en su busca una sección de caballería. Estos expedicionarios no hallaron a nadie en el convento ni en sus alrededores, pero sí grandes manchas de sangre en el lugar en que dejaron dormidos a sus compañeros...; y apelando a su vez a las represalias, pusieron fuego al Monasterio, cuya parte más monumental y preciosa quedó completamente destruida, salvándose la iglesia, el Noviciado y las habitaciones que se construyeron para albergue de Carlos V. Es decir, que pereció todo el Convento Nuevo, edificado, como dijimos, a mitad del siglo XVI.

Desde entonces volvieron los frailes a habitar el Convento Viejo, o sea el Noviciado.

En 1820 fueron expulsados por la revolución, y vendióse el Monasterio a un señor Tarrius, que lo poseyó hasta 1823.

En 1823 se anuló la venta por la reacción.

En 1834 la expulsión volvió a tener efecto, y la compra del señor Tarrius fue revalidada por el Gobierno.

Hace algunos años el señor Tarrius sacó el Monasterio a pública subasta. Napoleón III quiso adquirirlo; pero los periódicos hablaron mucho sobre el particular, lamentando que la cámara mortuoria del vencedor de Pavía pudiese ir a parar a manos francesas. Entonces, animados de un sentimiento patriótico, reuniéronse algunos títulos de Castilla, y acordaron comprar a

Yuste, costare lo que costare. Pero este proyecto, como todos aquellos en que intervienen muchos, iba quedando en conversación, cuando el señor marqués de Miravel, uno de los asociados, viendo que no se hacía nada de lo convenido, lo compró por sí solo en la cantidad de 400.000 reales.

Más adelante veremos que el histórico Monasterio no ha podido caer en mejores manos.

El señor marqués de Miravel se ha consagrado con incesante afán, y a costa de grandes sacrificios, a salvar a Yuste de la total ruina que le amenazaba. Ya ha reedificado mucho de lo derruido; ya ha contenido en todas partes la destrucción, y de esperar es que algún día acabe de restaurar lo que yace en pedazos por el suelo. Solo con lo que ha hecho hasta hoy, ya ha merecido bien de la patria y de cuantos aman su antiguas glorias.

Conque penetremos en Yuste.

III

Delante de la actual entrada, que es la antigua de la Huerta del Monasterio, y por la que se regía el emperador cuando salía a caballo, elévase un añoso y corpulento nogal, tenido en gran veneración histórica, y del que no hay viajero que no se lleve algunas hojas como recuerdo de su peregrinación a Yuste.

Es que aquel nogal data de un tiempo muy anterior a la fundación del convento; es que a su sombra fue donde, según la tradición, se sentaron los anacoretas Bralles y Castellanos la tarde que eligieron aquel sitio, entonces desierto, como el más a propósito para establecerse, y es que el mismo César, en tiempo de verano, solía pasar largas horas bajo su espesísimo ramaje, viendo correr el agua del arroyo que fluye a su pie y respirando el fresco ambiente de un lugar tan umbroso, ameno y deleitable.

Después de rendir el debido acatamiento a aquel árbol, cuya edad no bajará de seis siglos, llamamos a la mencionada puerta del Monasterio, o sea a la puerta rústica del que fue Palacio del emperador. Un campesino acudió a abrirnos, y como ya se hubiese recibido allí recado del Administrador (que reside en Quacos) avisando nuestra visita y anunciando que él llegaría inmediatamente a hacernos los honores de aquella mansión de los recuerdos, dejósenos pasar adelante.

Agradabilísima emoción nos produjo el noble cuanto gracioso aspecto del primer cuadro que apareció a nuestros ojos. Gigantescos naranjos seculares, cuajados de rojas naranjas, sombreaban la especie de atrio o compás en que habíamos entrado. Sus ramas subían hasta los arcos de un elegante mirador que teníamos enfrente y que sirve de fachada al único piso alto de un modesto, aunque decoroso, edificio.

A aquel mirador salón abierto, cuyo interior descúbrese completamente por los amplios arcos que constituyen dos de sus lados, se sube, no por escaleras, sino por una suave rampa construida sobre otros arcos de progresiva elevación. Debajo del salón-mirador vense también al descubierto los pilares, arcos y bóvedas que lo sustentan, de modo que la tal morada aparecía a nuestros ojos en una forma aérea, calada, abierta, luminosa, sin otra defensa contra el Sol y el viento que el verdor de los próximos árboles o de las enredaderas y rosales que trepaban por pilastras, balaustres y columnas.

Aquel risueño edificio era el Palacio del emperador, al cual servía de vestíbulo el descubierto y alegre aposento que estábamos mirando, aposento restaurado recientemente por el señor marqués de Miravel, mediante costosísimas obras, en que se ha respetado religiosamente la primitiva forma y disposición de la parte arruinada.

La extensa rampa que teníamos delante, y por la cual se sube a dicho vestíbulo, es la misma que se construyó para que el valetudinario Carlos V pudiese montar a caballo a la puerta de sus habitaciones, o sea en el propio piso alto, librándose así de la incomodidad de las escaleras, que le eran ya insoportables. También han sido reforzados sus arcos en estos últimos tiempos, con tal arte y habilidad, que no falta ni una sola piedra del sitio que ocupaba hace trescientos años.

Viejísimas hiedras, contemporáneas, sin duda, del primer convento, visten por completo las recias tapias que forman el compás o atrio en que nosotros echamos pie a tierra, y desde donde contemplábamos la morada del César. De una de estas tapias sale un brazo de agua sonora y reluciente, que con su eterno murmullo presta no sé qué plácida melancolía a aquel sosegado recinto. La hiedra y el agua, con su perdurable existencia, parecían encargadas de perpetuar las huérfanas memorias de tantas grandezas extinguidas. El agua, sobre todo, fluyendo y charlando hoy como fluía y charlaba en

1558, sin respetar ahora el silencio de muerte que ha sucedido en aquella soledad al antiguo esplendor y movimiento, recordábanos estos hermosos versos con que nuestro inmortal Quevedo acaba un soneto titulado: A Roma sepultada en sus ruinas:

«Solo el Tíber quedó, cuya corriente, Si ciudad la reg o, ya sepultura La llora con funesto son doliente.¡Oh Roma! En tu grandeza, en tu hermosura, Huyó lo que era firme, y solamente lo fugitivo permanece y dura.» Atado que hubimos nuestros caballos a los recios troncos de los naranjos susodichos, emprendimos la subida por la rampa, que nos condujo al salón-mirador, estancia verdaderamente deleitosa, más propia de una villa italiana o de un carmen granadino que de un monasterio oculto en los repliegues y derivaciones de una sierra de Extremadura.

Cuatro son los grandes arcos que ponen el mirador en relación directa con el rico ambiente y esplendorosa vegetación de aquel amenísimo barranco. Dos de ellos dan a la parte donde subíamos, sirviendo el uno de entrada a la rampa y el otro como de balcón, desde el cual se tocan con la mano los bermejos frutos de los naranjos del compás, y se descubre, al través de sus ramas, un elegantísimo ángulo de la contigua iglesia, de perfecto estilo gótico, cuyas gentiles ojivas, esbeltos juncos y erguidas agujas, todo ello de una resistente piedra dorada por los siglos, infunden en el ánimo, en medio de aquellas abandonadas ruinas, arrogantes ideas de inmortalidad.

Los otros dos arcos miran al Mediodía, y desde ellos se goza de la apacible contemplación de la Huerta y del bosque de olmos y de todos los suaves encantos de aquel breve y pacífico horizonte. De dicha Huerta trepan, como hemos apuntado, hasta penetrar por los arcos dentro de aquel salón, rosales parietarios y escaladoras enredaderas con sus elegantes campanillas, que todavía no se habían cerrado aquella mañana; además, los dos grandes balcones determinados por ambos arcos tienen el antepecho en la parte o cara interna del recio muro, dejando destinado todo el ancho de éste a dos extensos arriates o pensiles que cultivaba Carlos V, y que hoy se cultivan también cuidadosamente. Geranios, rosales de pitiminí y clavellinas, todo florido, pues ya he dicho que estábamos en mayo, vimos nosotros en aquellos dos jardinillos tan graciosamente imaginados y dispuestos. Cuando al poco rato llegaron el Administrador y su señora, supimos que ésta, madrileña de pura raza, aficionadísima, por consiguiente, a macetas, era la autora del milagro de que continuasen consagrados a Flora los dos arriates que cuidó en otro tiempo Carlos de Austria.

Llevo descritos dos lados del salón-mirador, bien que aun me falte decir que, entre el arco que comunica con la rampa y el otro contiguo, hay un poyo de piedra, de dos cuerpos, mucho más ancho el de abajo que el de arriba, que se construyó allí para que Carlos V montase a caballo más cómodamente...

Por cierto que, según refiere fray Prudencio Sandoval en su *Historia del emperador*, las cabalgaduras que éste usaba en Yuste no tenían nada de cesáreas ni de marciales, pues consistían en una jaquilla bien pequeña y una mula vieja. ¡Tan acabado de fuerzas estaba aquel que tantas veces había recorrido la Europa a caballo!

Pero ya que de esto hemos venido a hablar, oigamos describir al mismo historiador la manera cómo montó a caballo por última vez el protagonista del siglo de los héroes, el vencedor de mil combates, el hombre de hierro.

«...Puesto en la jaquilla, apenas dio tres o cuatro pasos cuando comenzó a dar voces que le bajasen, que se desvanecía, y como iba rodeado de sus criados, le quitaron luego, y desde entonces nunca más se puso en cabalgadura alguna.»

Considerad ahora cuántas reflexiones no acudirán a la mente al contemplar aquel poyo de piedra, terrible monumento que acredita toda la flaqueza y rápida caducidad de esta nuestra máquina humana, tan temeraria, impetuosa y presumida en las breves horas de la juventud, si por acaso le presta sus alas la fortuna... Mas sigamos nuestra descripción.

La pared que da al Norte, solo es notable por lindar con el muro de la iglesia y porque en aquel lado del salón-mirador hay una pequeña y preciosa fuente, labrada en la forma y estilo de las que adornan los paseos públicos o los jardines de los palacios.

Esta fuente tendrá unas dos varas y media de altura, y se compone de un pilar redondo, del centro del cual sale un recio fuste o árbol, que luego se convierte en gracioso grupo de niños, muy bien esculpido; todo ello de una sola pieza y de piedra bastante parecida al mármol, aunque de la especie granítica. El grupo de niños sostiene una taza redonda, de la cual fluye por cuatro caños un agua cristalina, sumamente celebrada por sus virtudes higiénicas. El emperador no bebía otra, y nosotros la probamos también, aunque llevábamos a bordo un vino de primer orden.

Porque debemos advertir que, mientras llegaba o no llegaba el señor Administrador, nos permitimos desplegar las provisiones que habíamos sacado del Baldío y almorzar como unos... jerónimos, haciendo mesa del poyo de piedra en que se encaramaba el emperador para montar en la jaquilla o en la mula... Pero, volviendo a la fuente, diré que del libro de fray Luis de Santa María (que después leímos) consta que «se la regaló a Carlos V el ilustre Ayuntamiento de la ciudad de Plasencia».

Vamos a la cuarta pared. En ella está la puerta de entrada al Palacio, y a su lado existe hoy un banco muy viejo de madera (en el mismo lugar que había antes un asiento de piedra), sobre el cual se lee la siguiente inscripción, pintada en la pared en caracteres del siglo XVI, muchas veces retocados: «Su Mag. El Emperador don Carlos Quinto nro. Señor en este lugar estava asentado quando le dio el mal a los treynta y uno de agosto a las quatro de la tarde. Fallesció a los Veinte y uno de septiembre a las dos y media de la mañana. Año del S. de 1558». El mal a que alude la precedente inscripción consistió en que, habiendo comido al Sol Carlos V, en aquel propio salón-mirador, sintióse acometido de frío, no bien dejó la mesa, y luego le entró calentura. «Pónenos en cuidado (escribía dos días después su mayordomo Luis Quijada a Juan Vázquez de Molina), porque ha muchos años que a S. M. no le ha acudido calentura con frío sin accidente de gota. El frío casi lo tuvo delante de mí todo; mas no fue grande, puesto que tembló algún tanto; duró casi tres horas la calentura: no es mucha, aunque en todo me remito al doctor, que escribirá más largo. Yo temo que este accidente sobrevino de comer antier en un terrado cubierto, y hacía Sol, y reverberaba allí mucho, y estuvo en él hasta las cuatro de la tarde, y de allí se levantó con un poco dolor de cabeza, y aquella noche durmió mal.»

Esta carta es de 1.º de septiembre. Por consiguiente, la inscripción preinserta está equivocada, y donde dice 31 de agosto debe leerse 30 de agosto.

Sobre ella se ven las armas imperiales, pintadas en la pared; obra, sin duda, del mismo autor de aquella leyenda conmemorativa.

Con lo cual terminan todas las cosas que hay que notar en el salón-mirador o vestíbulo del humilde Palacio de Yuste.

Entramos, pues, en el Palacio.

Ya he dicho que se compone de cuatro grandes celdas, situadas dos a cada lado de un pasillo o galería que atraviesa el edificio de Oeste a Este y al cual dan las puertas de las cuatro.

Las dos celdas de la izquierda, entrando, estaban destinadas en tiempo del emperador, la una a Recibo, y la otra a Dormitorio, y se comunican entre sí. Las dos de la derecha, que también tienen comunicación por dentro, eran el Comedor y la Cocina.

Y a esto se reducía el alojamiento del César.

Su servidumbre, compuesta de sesenta personas, habitaba el piso inferior de aquel llamado Palacio, o varias dependencias del convento, residiendo en Quacos los empleados que no tenían que asistir continuamente a S. M.

En la actualidad no hay ni un solo mueble en dichas celdas; y como, por otra parte, carecieron siempre de toda ornamentación arquitectónica sus lisas paredes, blanqueadas con cal a la antigua española, la revista que nosotros les pasamos habría sido muy corta, si recuerdos históricos y consideraciones de una mansa y cristiana filosofía no nos hubieran detenido largo tiempo en cada estancia.

Nuestra visita principió por el Recibo, donde solo había que ver una gran chimenea, digna de competir con las llamadas de campana: tan enormes eran su tragante y su fogón. Entre la puerta de entrada, la de comunicación con el Dormitorio, la reja que da paso a la luz del salón-mirador y otra puertecilla de que hablaré luego, no quedaba más que un puesto resguardado del aire, o sea un único rincón que ocupar cerca de la chimenea. No podíamos, pues, equivocarnos respecto de cuál sería el sitio que ocuparía el emperador en aquella sala, durante la estación de invierno, cuando iban a visitarlo san Francisco de Borja, el conde de Oropesa, el arzobispo de Toledo y otros antiguos amigos suyos.

Pero no seguiré adelante sin hacer una advertencia de gran importancia...

Si yo me hubiese propuesto referir la Vida de Carlos V en Yuste (escrita ya con suma minuciosidad y conciencia en un notable capítulo y en un apéndice muy curioso de la Historia de España por don Modesto Lafuente), podría enumerar aquí, sin más trabajo que copiar algunos documentos del Archivo de Simancas, insertos en la obra de aquel historiador, los muebles, los cuadros, las alhajas y hasta las ropas que tenía el emperador en su retiro, así como sus hábitos, entretenimientos y conversaciones; pero, no siendo, ni pudiendo ser, tal mi propósito, sino meramente fotografiar, por decirlo así, el estado actual del Monasterio, me limitaré a remitiros a la obra mencionada y aconsejaros que no deis crédito a lo que otros historiadores cuentan acerca de los actos del emperador en Yuste.

Desconfiad, sobre todo, de las noticias de fray Prudencio Sandoval y de Mr. Robertson, quienes, en esta parte íntima de sus célebres historias, fueron sin duda mal informados, o fantasearon a medida de su deseo. Así lo demuestra el señor Lafuente con irrebatibles razones y documentos originales de primera fuerza. Es falso, por ejemplo, que Carlos hiciese sus exequias en vida; falso que estuviese sujeto a la misma regla que los frailes de la casa; falso que se flagelase hasta teñir de sangre las disciplinas; falso que no atendiese a las cosas políticas de España y del resto de Europa, y falso que se dedicase a la construcción de juguetes automáticos y otras puerilidades con su relojero de cámara y famoso mecánico Juanelo Turriano. Leed a Lafuente, repetimos, y allí veréis, auténticamente probado, que Carlos V, en Yuste, fue el hombre de siempre, con sus cualidades y sus defectos y con la sabida originalidad de su condición, festiva y grave a un tiempo mismo, dominante, vehemente, voluntariosa, y a la par llana y sencilla, como la de Julio César.

Sigamos nuestra exploración.

La ya mencionada puertecilla de la sala de Recibo conduce a un diminuto e irregular aposento, que es aquel retrete o gabinetillo de que ya he hablado también, en que apenas cabe una cama, y donde durmió Felipe II la última vez que estuvo en Yuste, en señal de respeto... o miedo a las habitaciones que habían sido de su difunto padre. ¡Curioso fuera saber lo que pensó allí el hombre del Escorial durante las dos noches que pasó, como quien dice, emparedado cerca de la cámara mortuoria de Carlos de Gante! Pero la historia ignora siempre las mejores cosas,

Del Recibo volvimos a salir al pasillo o galería, dejando para lo último la visita al Dormitorio, y pasamos al Comedor del más comilón de los emperadores habidos y por haber... excepto Heliogábalo.

Carlos V era más flamenco que español, sobre todo en la mesa. Maravilla leer (pues todo consta) el ingenio, verdaderamente propio de un gran jefe de Estado Mayor militar, con que resolvía la gran cuestión de vituallas, proporcionándose en aquella soledad de Yuste los más raros y exóticos manjares. Sus cartas y las de sus servidores están llenas de instrucciones, quejas y demandas, en virtud de las cuales nunca faltaban en la despensa y cueva de aquel modesto palacio los pescados de todos los mares, las aves más renombradas de Europa, las carnes, frutos y conservas de todo el universo. Con decir que comía ostras frescas en el centro de España, cuando en España no había ni siquiera caminos carreteros, bastará para comprender las artes de que se valdría a fin de hacer llegar en buen estado a la sierra de Jaranda sus alimentos favoritos.

Pero nos metemos sin querer en honduras pasadas, olvidando que aquí no se trata sino de lo presente. Pues bien: en el Comedor solo hay de notable otra chimenea como la susodicha; un gran balcón-cierre, o tribuna volada, que da a la huerta y mira al Mediodía, donde el viejo emperador tomaba en invierno los últimos rayos del Sol de sus victorias..., y una puerta de comunicación con la Cocina.

La Cocina es digna del imperial glotón, propia de un convento de Jerónimos y adecuada a los grandes fríos que reinan en aquel país durante el rigor del invierno. En torno del monumental fogón, que ocupa casi la mitad de aquel vasto aposento, bien pudieron calentarse simultáneamente con holgura los sesenta servidores de S. M. En cuanto a las hornillas, puede asegurarse que infundirían verdadera veneración cuando estaban en ejercicio, así como hoy su yerta desnudez y triste arrumbamiento infunden melancólicas reflexiones.

Pero estas reflexiones nos llevan como por la mano al Dormitorio del emperador, o sea a su cámara mortuoria.

Es una pieza del mismo tamaño que las tres mencionadas, con otra enorme chimenea. Una alta reja le da luz por la parte de Levante, y tiene además tres puertas, de las cuales una da a la iglesia, otra al Recibo, y otra a la galería.

No cabe ni puede caber duda respecto del sitio que ocupaba el lecho de S. M. y en que lanzó el último suspiro, puesto que lo indica matemáticamente la puerta de comunicación con la iglesia, que se rasgó frente por frente a la cama del César, a fin de que, acostado y todo, pudiese ver el altar mayor y oír Misa cuando sus achaques le impedían dejar el lecho. Trazáse, pues, dicha puerta, oblicuamente, sobre el recio muro del templo, en el ángulo opuesto a aquel en que dormía y había de morir Carlos V, y allí sigue, y desde ella se determina fijamente tan histórico paraje.

A mayor abundamiento, en aquel rincón del Dormitorio hay un cuadro que representa a san Jerónimo viendo llegar a Carlos V a la gloria eterna y arrodillarse a los pies de la Santísima Trinidad. Debajo de este cuadro se ve un tarjetón dorado que dice lo siguiente: «S. A. R. el Infante duque de Montpensier regaló al Monasterio de Yuste este cuadro, sacado del original que a la muerte del emperador Carlos V, su glorioso abuelo, se hallaba a la cabecera de su cama».

Decir los pensamientos que acudieron a mi mente en aquel sitio, donde expiró (en hora ignorada por sus propios hijos durante algunos días) el que tantas veces desafió la muerte a la faz del universo en los campos de batalla, fuera traducir pálidamente lo que el lector se imaginará sin esfuerzo alguno.

Hágole, pues, gracia de mis reflexiones, y le invito a que me siga a la iglesia y a las ruinas del convento, donde todo hablará aún más alto y más claro el severo lenguaje de aquellas verdades eternas: Verumtamen, universa vanitas... Verumtamen, in imagine pertransit homo.

IV

La iglesia se reduce a una nave gótica, larga y altísima, digna de una catedral de primer orden. Esta nave se conserva íntegra, según una tradición, porque los incendiarios franceses de 1809 procuraron que el fuego no llegase a ella; según otra tradición, porque no había en todo aquel edificio madera alguna en que pudiesen prender las llamas.

Sin embargo, sus bóvedas ojivales amenazaban desplomarse cuando compró el Monasterio el señor marqués de Miravel, quien procedió inmediatamente a repararlas. Así lo indica la siguiente modestísima inscripción, que se lee en el testero posterior del coro:

Estando estas bóvedas en ruinas, se construyeron por José Campal, año de 1860.

Pero dirá el lector: ¿quién es José Campal? ¿Son éstos el nombre y el apellido del espléndido marqués que costeó la obra, o los de algún insigne arquitecto, émulo de la gloria de los Brunelleschi y Miguel Ángel?

Ni lo uno ni lo otro.

José Campal es un humilde albañil de Jarandilla, que se atrevió a acometer tan ardua empresa, y la llevó a feliz término, cuando maestros llevados de Madrid con tal propósito la habían considerado irrealizable. Admirado entonces el marqués del arrojo y la inteligencia de Campal, mandó poner dicha inscripción en el coro.

La nave de la iglesia y sus altares están hoy completamente desnudos de todo cuadro, de toda imagen, de toda señal de culto. Los únicos accidentes que interrumpen la escueta monotonía de aquellos blanqueados muros, son las Armas Imperiales que campean allá arriba, en el centro del embovedado, y un negro ataúd depositado a gran altura, en un nicho u hornacina de la pared de la derecha.

Este ataúd es de madera de castaño, y estuvo forrado de terciopelo negro. Hoy no contiene nada; pero en un tiempo contuvo otra caja de plomo, dentro de la cual fue depositado el cadáver del emperador...

«Púsose el cuerpo del emperador (dice la historia) en una caja de plomo, la cual se encerró en otra de madera de castaño, forrada de terciopelo negro. Hiciéronsele solemnes exequias por tres días, celebrando el arzobispo de Toledo, fray Bartolomé de Carranza, a quien sirvieron de ministros el confesor del emperador, fray Juan Regla, y el prior fray Martín de Angulo, y predicando sucesivamente el padre Villalva y los priores de Granada y Santa Engracia de Zaragoza.

»Una de las cláusulas del codicilo de Carlos V era que se le enterrara debajo del altar mayor del Monasterio, quedando fuera del ara la mitad del cuerpo, del pecho a la cabeza, en el sitio que pisaba el Sacerdote al decir la misa, de manera que pusiese los pies sobre él. Para cumplir del modo posible este mandato, se derribó el altar mayor y se sacó hacia fuera, con objeto de depositar detrás de él el cadáver, pues debajo no podía estar, por ser lugar exclusivo de los santos que la iglesia tiene canonizados.»

A consecuencia de esta reforma, el altar mayor quedó en la extraña disposición que hoy se advierte; esto es, sumamente estrecho de presbiterio, y muy alto en proporción del escaso desarrollo de su escalinata, cuyos peldaños son tan pinos, que cuesta fatiga y peligro subirlos o bajarlos.

Fue, pues, depositado el cadáver del César dentro de las dos cajas mencionadas, detrás del retablo de Yuste, hasta que, quince años y medio después, el 4 de febrero de 1574, verificóse su traslación al Escorial, en la caja de plomo, revestida de otra nueva que se construyó al intento, quedando en la bóveda de Yuste, como recuerdo, la caja de castaño. Pero como todos los viajeros que visitaban la tal bóveda hubiesen dado en la flor de cortar pedazos del viejísimo ataúd, a fin de guardarlos como reliquias históricas, el marqués de Miravel dispuso colocarlo en el inaccesible nicho que hoy ocupa, y desde donde produce terrible y fantástica impresión.

Dijimos más atrás que el sueño eterno de Carlos V ha sido turbado también en el Monasterio del Escorial, y que nosotros mismos no hemos sabido librarnos de la tentación de asistir a una de las sacrílegas exhibiciones que se han hecho de su momia en estos últimos años...

Cometimos esta impiedad, o cuando menos esta irreverencia, en septiembre de 1872, pocos meses antes de ir a Yuste. Nos hallábamos en el fúnebre Real Sitio, descansando del calor y las fatigas de Madrid, cuando una mañana supimos que había pública exposición del cadáver del César, a petición de las bellas damas madrileñas que estaban allí de veraneo. Era ya la vigésima de estas exposiciones, desde que las inauguró cierto temerario y famoso prohombre de la situación política creada en 1868. Nosotros, (lo repetimos) no tuvimos al cabo suficiente valor para rehusarnos la feroz complacencia de aquella profanación, que de todas maneras había de verificarse...

Acudimos, pues, al panteón de los reyes de España, a la hora de la cita. ¿Y qué vimos allí? ¿Qué vieron las tímidas jóvenes y los atolondrados niños y los zafios mozuelos que nos precedieron o siguieron en tan espantoso atentado? Vieron, y vimos nosotros, la tumba de Carlos V abierta, y delante de ella, sobre un andamio construido ad hoc, un ataúd, cuya tapa había sido sustituida por un cristal de todo el tamaño de la caja.

En las primeras exposiciones no había tal cristal, o si lo había, se levantaba, de cuyas resultas no faltó quien pasase su mano por la renegrida faz del cadáver... ¡La pasó el mencionado prohombre revolucionario, en muestra de familiaridad y compañerismo!...

A través del cristal vimos la corpulenta y recia momia del nieto de los Reyes Católicos, de la cabeza a los pies, completamente desnuda, perfectamente conservada, un poco enjuta, es cierto, pero acusando todas las formas, de tal manera que, aun sin saber que eran los despojos mortales de Carlos V, hubiéralos reconocido cualquiera que hubiese visto los retratos que de él hicieron Ticiano y Pantoja.

La especial contextura de aquel infatigable guerrero, su alta y amplísima cavidad torácica; sus anchos y elevados hombros; sus cargadas espaldas; su cráneo característico; su ángulo facial, típico en la Casa de Austria, la depresión de la boca; la prominencia de la barba por el descompasado avance de las mandíbulas: todo se apreciaba exactamente, y no en esqueleto, sino vestido de carne y cubierto de una piel cenicienta, o más bien parda, en que aun se mantenían algunos raros pelos de pestañas, barbas y cejas y del siempre atusado cabello...

¡Era, sí, el emperador mismo! ¡Parecía su estatua vaciada en bronce y roída por los siglos, como las que aparecen entre las cenizas de Pompeya!

No infundía asco ni fúnebre pavor, sino veneración y respeto.

Lo que infundía pavor y asco era nuestra impía ferocidad, era nuestra desventurada época, era aquella escena repugnante, era aquel sacrílego recreo, era la risa imbécil o el estúpido comentario de tal o cual señorita o mancebo, que escogía semejante ocasión para aventurar un conato de chiste...

¡Siquiera nosotros (dicho sea en nuestro descargo) callábamos y padecíamos, sintiendo al par, y en igual medida, reverencia hacia lo que veíamos y remordimientos por verlo! ¡Siquiera nosotros teníamos conciencia de nuestro pecado!

De mi visita a las ruinas de los claustros de Yuste guardo recuerdos indelebles.

La naturaleza se ha encargado de hermosear aquel teatro de la desolación. Los trozos de columnas y las piedras de arcos, que yacen sobre el suelo de los que fueron patios y crujías, vense vestidos de lujosa hiedra. El agua, ya sin destino, de las antiguas fuentes, suena debajo de los escombros, como enterrado vivo que se queja en demanda de socorro, o como recordando y llamando a los antiguos frailes para que reedifiquen aquel edificio monumental. Y por todas partes, entre la hiedra y el musgo, o entre las flores silvestres y las altas matas con que adornaba mayo aquellos montones de labrados mármoles, veíamos los escudos de armas de la casa de Oropesa, esculpidos en las piedras que sirvieron de claves o de capiteles a las arcadas hoy derruidas.

Las cuatro paredes del refectorio siguen de pie; pero el techo, que se hundió de resultas del incendio, ha formado una alta masa de escombros dentro de la estancia. Hoy se trabaja en sacar aquel cascajo, y ya van apareciendo los alicatados de azulejos que revestían el zócalo de los muros.

El Convento de Novicios subsiste, aunque en muy mal estado. Allí, como ya sabéis, vivieron los últimos frailes desde la catástrofe del Edificio, ocurrida en 1809, hasta la catástrofe de la Comunidad, ocurrida en 1835.

Nosotros penetramos en algunas celdas. Reinaba en ellas la misma muda soledad que en las del Palacio de Carlos V. Ni gente ni muebles quedaban allí... Las desnudas paredes hablaban el patético lenguaje de la orfandad y de la viudez.

Aquello era más melancólico que las ruinas del otro gran convento hacinadas entre la hiedra. Una celda habitable y deshabitada representa, en efecto, algo más funesto y pavoroso que la destrucción. Los pedazos de mármol que acabábamos de ver parecían tumbas cerradas: las celdas del noviciado eran como lechos mortuorios o ataúdes vacíos, de donde acababan de sacar los cadáveres.

Sí; ¡todo vacío! ¡todo expoliado! ¡todo saqueado!... Tal aparecía aquella mañana a nuestros ojos cuanto contemplábamos, cuanto recordábamos, cuanto acudía a nuestra imaginación por asociación de ideas.

En Yuste..., una tumba abierta, de donde había sido sacado Carlos V. En El Escorial..., otra tumba vacía, de donde también se le había desalojado temporalmente... Y si se nos ocurría la fantástica ilusión de que la exhumada y escarnecida momia del César, avergonzada de su pública desnudez, pudiese salvar el Guadarrama, en medio de las sombras de la noche, para ir a buscar a Yuste su primitiva sepultura, considerábamos temblando que tampoco encontraría en su sitio el ataúd de madera, sino que lo vería encaramado en aquella antigua hornacina de un santo que probablemente habrían derribado a pedradas otros liberales de la Vera de Plasencia...

¡Y todo así! ¡Todo así! Dondequiera que el atribulado espectro imperial fijase la vista, hallaría igual dislocación, el mismo trastorno, la propia devastación y miseria, como si el mundo hubiese llegado al día del juicio final...

Ya no había Monasterio de Yuste; ya no había en España Comunidades religiosas; ya no había Monarquía; ¡casi ya no había Patria! Los tiempos del cataclismo habían llegado, y, sobre las ruinas de la obra de Fernando V y de Isabel I, oíanse más pujantes que nunca en aquellos mismos días (los primeros días de mayo de este primer año de la República), así en Extremadura como en el resto de la Península española, gritos de muerte contra la Unidad nacional, contra la Propiedad, contra la Autoridad, contra la Familia contra todo culto a Dios, contra la sociedad humana, en fin, tal y como la habían constituido los afanes de cien generaciones.

Illic sedimus et flevimus..., al modo de los hebreos junto a los ríos de Babilonia.

Pasó aquel momento de emoción, disimulable en tan aciaga fecha, y desde el convento nos dirigimos a una ermitilla, llamada de Belén, que dista de él medio kilómetro, y adonde solían encaminar los frailes su paseo de invierno —costumbre que adquirió también Carlos V.

El camino de la ermita es una llana y hermosa calle de árboles, con prolongados asientos, en que cabía toda la Comunidad.

Al principio de este paseo hay un viejísimo ciprés, a cuyo pie, y recostado en su tronco, es fama estaba recostado Carlos V la primera vez que vio en Yuste a su hijo don Juan de Austria, ya casi mozo, después de muchos años de separación.

El hijo de Bárbara Blomberg había nacido en Ratisbona, donde pasó la infancia con su madre a la edad de ocho años lo habían traído a España, sin que nadie adivinase su condición, y vivió primero en Leganés, a cargo del clérigo Bautista Vela y de una tal Ana Medina, casada con un flamenco llamado Francisco, que vino en la comitiva de Carlos V la primera vez que visitó estos reinos el coronado nieto de Isabel la Católica. Pero el bastardo imperial hacía en Leganés una vida demasiado villana, confundido con los otros chicos del pueblo, y entonces Luis Quijada, mayordomo del César, y el único que sabía quién era aquel niño, se lo llevó a Villagarcía, de donde era Señor, y lo confió a su mujer, sin revelarle el secreto; por lo que esta ejemplarísima señora llegó a concebir tristes sospechas, que amargaron su vida, hasta que, muerto ya el emperador, hizo pública la verdad el rey don Felipe II, reconociendo como príncipe y hermano suyo al que había de ser el primer guerrero de su tiempo.

«Cuando Carlos V vino a encerrarse en el Monasterio de Yuste (dice un historiador) érale presentado muchas veces su hijo en calidad de paje de Luis Quijada, gozando mucho en ver la gentileza que ya mostraba, aun no entrado en la pubertad. Tuvo, no obstante, el emperador la suficiente entereza para reprimir o disimular las afectuosas demostraciones de padre, y continuó guardando el secreto...»

En la Crónica manuscrita del convento menciona también el padre Luis de Santa María la estancia de don Juan de Austria en Yuste, y, además, la tradición cuenta algunas de sus travesuras de adolescente, como las que referimos al hablar de Quacos...

Por aquí íbamos en nuestra visita a Yuste, cuando principió a encapotarse el cielo. Conocimos que amenazaba una de aquellas tormentas que tan formidables son en las sierras de Gredos y de Jaranda, y como teníamos que andar tres leguas para regresar al Baldío, y ya no nos quedaba más que ver, aunque sí mucho que meditar en aquellas ruinas, nos apresuramos a montar a caballo, henchida el alma de mil confusas ideas, que he procurado ir fijando y desenvolviendo en los humildes artículos a que doy aquí remate.

Pero no soltaré la cansada pluma sin recordar unos versos que el insigne poeta, mi amigo don Adelardo López de Ayala, pone en boca de don Rodrigo Calderón, y que repetí muchas veces al alejarme de Yuste:

¡Nunca el dueño del mundo Carlos quinto
Hubiera reducido su persona

De una celda al humilde apartamiento,
Si no hubiera tenido una corona
Que arrojar a las puertas del convento!

De resultas de lo cual, o sea de la falta de cualquier especie de corona, algunos días después me veía yo obligado a dejar la pacífica soledad del Baldío por la turbulenta villa de Madrid, donde fecho hoy este relato a 9 de

Octubre de 1873

Dos días en Salamanca

I. Discurso preliminar

El lunes 8 de octubre de 1877 nos hallábamos de sobremesa en cierto humilde comedor de esta prosaica y antiartística villa de Madrid, cuatro antiguos amigos, muy amantes de las letras y de las artes, algo entrados en años por más señas, y aficionadísimos, sin embargo, a correr aventuras en demanda de ruinas más viejas que nosotros.

Habíase por entonces abierto al público la última sección del Ferrocarril de Medina del Campo a Salamanca, lo cual quería decir, en términos metafóricos, que esta insigne y venerable ciudad, monumento conmemorativo de sí propia, acababa de ser desamortizada por el espíritu generalizador de nuestro siglo, pasando de las manos muertas de la Historia o de la rutina, al libre dominio de la vertiginosa actividad moderna.

Así lo indicó, sobre poco más o menos, uno de nosotros; y como otro apuntase con este motivo la feliz idea de ir los cuatro a hacer una visita a aquel antiguo emporio del saber, y semejante propuesta, bien que recibida con entusiasmo y aceptada en principio, suscitara algunas objeciones, relativas a lo desapacible de la otoñada, a los achaques del uno, a los quehaceres del otro y al natural temor de todos de que en la ilustre y grave Salamanca no hubiese fonda vividera, el amo de la casa, o sea el anfitrión, encendióse (o afectó encenderse) en santa ira, y pidiendo arrogantemente la palabra (y una segunda copa de legítimo fine-champagne), pronunció el siguiente discurso:

«Señores:
»¡Parece imposible que la edad nos haya reducido a tal grado de miseria! ¿Somos nosotros aquellos héroes que, hace algunos años, recorrían en mulo o a pie las montañas más altas de Europa, expuestos a perecer entre la nieve, solo por ver un ventisquero, una cascada o el sitio en que los aludes aplastaron a tal o cual impertérrito naturalista? ¿Somos nosotros los mismos que pasaron noches de purgatorio en ventas dignas de la pluma de Cervantes, por conocer las ruinas de un castillejo moruno; los que hicieron largas jornadas en carro de violín, por contemplar un retablo gótico; los que sufrieron

a caballo todos los ardores del estío andaluz, buscando el sitio en que pudo existir tal o cual colonia fenicia o campamento romano? ¿Somos nosotros los atrevidos exploradores de la Alpujarra, los temerarios visitantes de Soria, los que llegaron por tierra a la misteriosa Almería, y, sobre todo, los intrépidos descubridores de Cuenca... de cuya existencia real se dudaba ya en Madrid cuando fuimos allá, sin razón ni motivo alguno, y en lo más riguroso del invierno, tripulando un coche diligencia que volcó seis veces en veinticuatro horas?

»¡Nadie diría que nosotros somos aquellos célebres aventureros, al vernos vacilar de esta manera en ir a la conquista de la inmortal Salamanca, hoy, que la locomotora la ha puesto, como quien dice, a las puertas de Madrid! ¡Nadie lo diría, al vernos retroceder ante el frío, ante la perspectiva de una cama incómoda o de una comida poco suculenta, y ante otros trabajos y fatigas, que siempre fueron, para hombres bien nacidos, estímulo y aliciente de esta clase de expediciones! ¡Pues qué! ¿no eran mucho más viejos que nosotros, y no tenían más achaques y dolamas, Cristóbal Colón, al embarcarse en Palos; Antonio de Leiva, al salir de Pavía en ayuda de los ejércitos imperiales, y Abdel-Melik, el Maluco, en la batalla de Alcazarquivir, a la que asistió moribundo, llevado en hombros por sus soldados, y durante la cual expiró como bueno, seguro ya de la derrota de don Sebastián de Portugal?

»¡Un esfuerzo semejante espero yo de vosotros en la presente ocasión! ¡Considerad, señores, que se trata de Salamanca, de la Madre de las Virtudes y de las Ciencias, como la llamaban antiguamente; de la ciudad que ha llevado también el nombre de Roma la Chica, por los innumerables y nobilísimos monumentos que la decoran; celebérrima bajo la dominación de los romanos; cristiana antes de la irrupción de los godos; arrancada varias veces de manos de los sarracenos, en los siglos IX y X; liberada definitivamente en el siglo XI, y lumbrera desde entonces de la entenebrecida Europa, por su veneranda Universidad, que, con las de Oxford, Bolonia y París, vinculaba el saber de aquellos tiempos! ¡Considerad que se trata de la hija mimada de Castilla la Vieja, de la Atenas española, protegida constantemente por Magnates, Prelados, reyes, Papas y hasta santos, desde don Ramón de Borgoña y el obispo Visquio, que la repoblaron, y comenzaron a engradecerla, hasta los Reyes Católicos, que la distinguieron con su predilección casi tanto como a Granada! ¡Considerad que allí hubo concilios; que allí se reunieron Cortes; que allí se juzgó a los Templarios; que allí se establecieron preferentemente las Órdenes Militares y fundaron magníficos templos; que allí predicaron san Vicente Ferrer y san Juan de Sahagún; que allí residieron mucho tiempo santa Teresa y san Ignacio de Loyola; que allí estudió y explicó fray Luis de León, y que allí estuvieron los reyes Ordoño I, Alfonso VII, Fernando II, Alfonso IX, Enrique II (antes y después de matar a su hermano), don Juan I, don Juan II, don Enrique IV, los Reyes Católicos (no una, sino muchas veces), el emperador Carlos V, Felipe II, Felipe III, Felipe V, y don Alfonso XII, que felizmente reina!

»Digo más, señores; digo más... Allí nació y fue bautizado Alonso XI; allí murió la esposa amadísima de Trastamara, o sea la reina doña Juana Manuel; allí murió también el príncipe don Juan, único hijo varón de los Reyes Católicos, quien, de haber vivido más tiempo, hubiera ahorrado a España muchas calamidades; y allí, en fin, se casó con María de Portugal el señor don Felipe II, cuyo nombre y cuyos hechos no figurarían en nuestra historia si no hubiese habido antes un Felipe I...

»Salamanca, por consiguiente, debe de estar cuajada de iglesias, de palacios y de conventos. Salamanca debe de ser un álbum arquitectónico, donde se encuentren modelos de todos los estilos cristianos: del románico, del gótico, del plateresco, del grecorromano y del churrigueresco (y esto suponiendo que no haya también piedras árabes y judías). Salamanca, en fin, será un mare magnum de portadas, de torres, de columnatas, de ojivas, de retablos, de púlpitos, de pinturas en tabla, en lienzo y al fresco, de sillerías y estatuas de madera, de verjas, de alhajas, de ornamentos, de ropas y de otras venerandas antigüedades.

»Para formar idea de ello, básteos saber que, en el siglo XII, cuando se escribió el Fuero de Salamanca, había en la ciudad 33 iglesias, y que después llegó a haber hasta 48, sin contar cuatro conventos de Monacales y 17 de Religiosos de los demás Institutos, 16 de Monjas, dos beaterios de reclusión voluntaria, uno de reclusión forzosa, y más de 30 colegios, incorporados legalmente a la Universidad... Y, aunque descontemos las muchas iglesias, y, sobre todo, los muchos conventos que habrán caído al golpe del cañón extranjero y de la piqueta constitucional y republicana desde 1808 a 1813, y desde 1835 a 1874, todavía quedarán en pie los bastantes monumentos históricos y artísticos para considerar a Salamanca (y es cuanto se puede decir) como otra Toledo. ¡A Salamanca, pues, amigos míos! ¡A Salamanca, sin pérdida de tiempo! ¡A Salamanca, antes de que, por razón de ornato público, le sacudan el polvo de los siglos! ¡A Salamanca, antes de que la reformen, antes de que la mejoren, antes de que la profanen... (que todo viene a ser la misma cosa)! ¡A Salamanca mañana mismo!

»El viaje es sumamente cómodo... Aquí tenéis El Indicador... Se sale de Madrid a las nueve y media de la noche, y se llega allá a las nueve y media de la mañana. El billete, en 1.ª clase, cuesta siete duros, que con siete de volver, son catorce. Supongo que habrá allí hoteles, o sea fondas; pero, si no los hay, habrá casas de huéspedes, y si no, posadas, y si no, hospicio. Y hablo así, porque no avisaremos a nadie nuestra llegada, que, de lo contrario, bien podríamos asegurar que allí tenemos al padre alcalde, y no solo al padre, sino al abuelo y al bisabuelo... dado que conocernos en Salamanca al señor obispo de la diócesis, Martínez Izquierdo, compañero de algunos de nosotros en las Cortes de 1869 y en el actual Senado; dado que nuestro amigo Frontaura es Gobernador de la provincia, y dado que yo cuento además en aquella población con la antigua y excelente amistad de otras personas, que no dejaré de presentaros en el momento oportuno. Fuera de esto, sabed que Salamanca gozó siempre opinión de barata y de rica, y que sus alimentos son también muy celebrados. Los castaños y encinas de sus montes dan pasto al mejor ganado de cerda de las Españas, y el tal ganado de cerda (convendréis en ello) puede muy bien servir de pasto a viajeros tan aguerridos como nosotros. A mayor abundamiento, las truchas del Tormes gozan igual fama de exquisitas (me refiero al geógrafo Miñano), sin contar con que en los corrales de aquellas casas de labor se crían ciertos pavos enormes, ya cantados por mí en un célebre soneto. Y, ¡en fin, señores! ¡qué diablos! ¡corre de mi cuenta llevar un cesto de víveres y municiones (cuando digo municiones, entended botellas) para los casos de fuerza mayor y otras calamidades inesperadas!...

»Conque... he dicho.»

Aplausos y aclamaciones acogieron este discurso; y, sin más debate, aprobóse por unanimidad el proyecto, quedando decidido que a la noche siguiente saldríamos para Salamanca.

II. De Madrid a Medina del Campo

En efecto: a las nueve y media de la siguiente noche salíamos de Madrid en el tren segundo correo, destinado, como todo el mundo sabe, a transportar cartas y viajeros desde esta Villa y Corte (que ya cuenta 400.000 habitantes) a media España y a toda Europa.

Sin embargo, íbamos casi solos... Los españoles tenemos pocos asuntos fuera de casa, y los que tenemos no nos interesan hasta el extremo de hacernos emprender largos viajes. Nuestra filosofía moruna, ascética, o como queráis llamarla, da de sí esta magnánima indiferencia, tan deplorada por economistas y políticos, y tan aplaudida por otra clase de pensadores que miran las cosas desde más alto. Viajan, sí, por mero placer, los elegantes y los fantaseadores, los bañistas de afición y los amantes de la naturaleza; pero, precisamente en la fecha citada, este linaje de madrileños regresaba ya hacia las orillas del Manzanares, o, por mejor decir, hacia las bocas de riego del Lozoya. Además, aquel día era martes, y los martes apenas se despachaba algún billete en nuestros ferrocarriles, por aquello de que en martes ni te embarques ni te cases; razón que me ha movido a mí siempre a preferir los martes para viajar, pues va uno más holgado en el tren o en la diligencia. ¡Y si puedo combinar que sea martes y día 13, mejor que mejor!

Esto de la holgura lo llevábamos nosotros resuelto aquella noche por ministerio de la ley...

Quiero decir, que éramos dueños de un reservado de ocho asientos, que entre cuatro personas daba dos asientos para cada una, con su correspondiente rincón por cabeza y para la cabeza. Nos dormimos, pues, enseguida que el tren se puso en marcha (como muy necesitados que estábamos de descansar de nuestras prisas del día, y también para ir haciendo provisión de sueño y de reposo, a cuenta de los madrugones y demás fatigas consiguientes a una expedición artístico-poética por tierra de garbanzos), y dormidos pasamos muchísimo tiempo.

A las tres de la madrugada el hambre nos despertó.

Estábamos en Sanchidrián, a veinticinco leguas de Madrid, al otro lado de la cordillera del Guadarrama.

¡Bien nos habíamos portado! ¡Cinco horas de sueño de un tirón!

Durante ellas, solo habíamos oído, a cosa de las doce, en uno de esos intervalos de semiconciencia que tiene el durmiente a cada parada del tren, los destemplados gritos con que una pobre mujer (única que a tal hora estaría despierta en aquella áspera sierra) pregonaba a todo lo largo de la hilera de coches: «¡Leche de las Navas!», sin que se siguiese ruido alguno demostrativo de que la infeliz trasnochadora despachaba algo...

Es decir, que habíamos pasado por El Escorial, por las susodichas Navas (que Dios bendiga), por Ávila, y por otros varios pueblos chicos y grandes, sin darnos siquiera cuenta de ello. ¡Quién se lo dijera a don Felipe II cuando edificaba lo que recibió el nombre de octava maravilla! ¡Quién le dijera que llegaría un tiempo en que cruzasen por allí con los ojos cerrados personas tan amantes del Arte y de la Historia como nosotros!

Pero ¿qué mucho, si habíamos atravesado con igual indiferencia la formidable Sierra de Guadarrama (que es algo más grande que el Monasterio del Escorial), pasando inconscientes, no solo por delante de sus cimas, sino por dentro de sus mismísimas entrañas, por la cuna de los metales, por la oficina de los terremotos, por las regiones del infierno?

Decía que estábamos en Sanchidrián, y que el aguijón del hambre nos había despertado.

El mismo mozo de la vía por quien supimos particularmente en qué Estación nos hallábamos (pues nadie se había tomado el trabajo de vocearla), nos participó además, motu proprio, que el termómetro del telegrafista marcaba en aquel instante seis grados bajo cero.

¡Oírlo nosotros, y bajar el cristal de la ventanilla, todo fue una sola cosa! Hecho lo cual, transformamos el coche en fonda, y cenamos tranquila, profusa y regaladamente: que para eso llevábamos a bordo el anunciado cesto de provisiones, en que no faltaba ningún perfil; pues, a más de comestibles de buena ley, contenía frascos de agua y botellas de vino, café del mismísimo Aden y máquina para hacerlo, velas con que alumbrarnos á giorno, y otros muchos refinamientos de sibaritismo y de confort, que ni tan siquiera concibieron los antiguos emperadores romanos.

Terminada la cena, nos fue imposible volver a dormir. Pasamos, por consiguiente, en alegre conversación cosa de una hora; hasta que, cerca de las cinco de la mañana (es decir, todavía con estrellas), llegamos a la Estación de Medina del Campo.

—¡Medina! ¡Parada y fonda! ¡Cambian de tren los viajeros para Zamora y para Salamanca! —gritó el mozo de la Estación.

—¡Vaya una fonda y una parada inoportunas! —exclamamos nosotros, dando un suspiro.

Y nos pusimos a recoger nuestros enseres.

III. En Medina del campo

Los viajeros que se dirigen a Salamanca en camino de hierro, tienen que esperar en la Estación de Medina (¡durante una hora!) la salida del tren que corre exclusivamente entre estas dos ínclitas ciudades. Cargamos, pues, con todo nuestro ajuar, y echamos pie a tierra en el andén, acatando los altos e incomprensibles designios de las Empresas, que no han juzgado conveniente ahorrar a los viajeros esta hora de detención.

Como todavía era de noche, según queda indicado, y hacía todo el frío que nos dijeron en Sanchidrián, tuvimos que refugiarnos, lo mismo que el resto de los viajeros (unos treinta, naturales de aquellas cercanías), en el diminuto, descristalado y afortunadísimo cafetín (vulgo Fonda) de la Estación, donde nos vimos obligados a oír, a pesar nuestro, más de una conversación ajena, poco edificante y nada chistosa..., a las cuales conseguimos al cabo sustraernos, hablando entre nosotros y en voz baja de la ilustre ciudad a cuyas puertas vivaqueábamos tan desagradablemente.

Dicho se está, por tanto, que salió a relucir el funestísimo día 21 de agosto de 1520, en que Medina del Campo fue quemada por el alcalde Ronquillo y por el capitán Fonseca, a consecuencia de haberse resistido sus moradores a entregarles la artillería para combatir a Segovia, alzada en favor de los Comuneros, y que recordamos también aquella hermosa carta, escrita con tal motivo por los Segovianos a los Medinenses, en que se leen estas sublimes frases, dignas de la antigua Musa de la Historia: «Nuestro Señor nos sea testigo, que si quemaron de esa villa las casas, a nosotros abrasaron las entrañas, y que quisiéramos más perder las vidas que no se perdieran tantas haciendas. Pero tened, señores, por cierto, que pues Medina se perdió por Segovia, o de Segovia no quedará memoria, o Segovia vengará la su injuria a Medina... Desde aquí decimos, y a la ley de cristianos juramos, y por esta escritura prometemos, que todos nosotros por cada uno de nosotros ponemos las haciendas y aventuraremos las vidas; y lo que menos es que todos los vecinos de Medina libremente se aprovechen de los pinares de Segovia, cortando, para hacer sus casas, madera. Porque no puede ser cosa más justa que, pues Medina fue ocasión de que no se destruyese con la artillería a Segovia, Segovia dé sus pinares con que se repare a Medina...»

«Medina (añade el historiador Lafuente) había sido hasta entonces el emporio del comercio, el gran mercado del Reino, y el principal depósito de las mercancías extranjeras y nacionales, de paños, de sedas, de brocados, de joyería y tapicería: sus ferias anuales tenían fama en el mundo: todo pereció en aquel día de desolación: de setecientas a novecientas casas fueron consumidas por las llamas.»

A todo esto había principiado a amanecer; visto lo cual, nos trasladamos al andén de la estación, prefiriendo helarnos al aire libre viendo los rosicleres de la aurora, a los aires colados y a las crecientes vulgaridades del cafetín.

El andén de la Estación estaba tan silencioso como solitario. Nuestro primitivo tren había continuado su marcha hacia Irún, no bien nos bajamos de él, y después había partido otro con dirección a la insigne ciudad de Zamora. ¡El único que no daba ni señales de pensar en salir era el recién establecido tren de Salamanca!

En cambio, salió el Sol. Por cierto que su primer rayo no hirió directamente nuestras pupilas, sino que fue a besar con amoroso respeto un arrogantísimo torreón gótico, que ya habíamos divisado enfrente de la Estación, sobre las ruinas de una antigua fortaleza. Era la famosa Torre del Homenaje del celebérrimo Castillo de la Mota.

Este castillo, distante de Medina algunos centenares de pasos, y separado hoy de ella por el tiránico ferrocarril, corona una especie de meseta que, en estas interminables planicies castellanas, pudo muy bien hacer el papel de altura cuando se la eligió para asiento de una ciudadela... Allí murió Isabel la Católica. Es decir, que tal vez en el interior de aquella torre, dorada por el Sol naciente, se hallaba (y se halla) el aposento pintado por Rosales, con singular maestría, en el cuadro que dio principio a su reputación. Allí estuvo preso, durante veinte años, Hernando Pizarro, hermano y compañero de glorias del Conquistador del Perú. Allí vivió también encarcelado el abominable César Borgia...

Pero como si el tren de Salamanca hubiera estado aguardando a que nos fuese grata la permanencia en la Estación de Medina para decir «¡Vámonos!», la campanilla, y el pito, y las voces de los empleados nos sacaron en esto de la contemplación de tan venerables ruinas y de sus grandes recuerdos históricos, obligándonos a correr más que aprisa hacia el andén, del cual nos habíamos alejado insensiblemente.

En aquel mismo instante brilló a nuestros ojos, no ya la luz refleja, sino el mismo disco del Sol...

Eran las seis.

IV. De Medina del Campo a Salamanca

Partimos.

El tren giró hacia el Oeste no bien salió de entre agujas, y colóse inmediatamente en Medina del Campo, cuyas últimas casas lindan con la Estación. La vía férrea cruza por las calles mismas de la villa, sobre un terraplén de algunos pies de altura, gracias al cual fuimos viendo, por encima de cercas y tapias, el interior de muchos corrales llenos de leña, estiércol y aperos de labor, y cubiertos de recientísima escarcha, por donde andaban ya las madrugadoras gallinas tomando el Sol y cacareando...

Los medinenses no se habían levantado todavía. Por lo menos, las ventanas y puertas de sus casas estaban cerradas, las chimeneas no expelían humo, y no había ni un alma en las silenciosas calles.

Medina es extensísima, y compréndese muy bien al verla que desempeñe papel tan importante en la Historia de España. A cada paso descubríamos casas ruinosas, con todo el aspecto de deshabitadas, y amplios solares de otras que se han hundido. Infinidad de torres de iglesias nuevas o viejas (es decir, de hace cuatro o cinco siglos, o del siglo pasado, a juzgar por la forma de sus campanarios y por el color de los muros) mantiénense todavía en pie. Abundan las de piedra renegrida por el tiempo, y aun hay que contar las que habrán derribado los siglos y las revoluciones...

De los desastres causados por la tea incendiaria de Ronquillo y de Fonseca, nótanse por doquier horribles vestigios. La desventura de Medina, como las de Pompeya y Herculano, tiene fecha determinada. ¡Tal día de tal año amaneció rica y poderosa, y a la noche era un montón de ruinas!

Pero mientras nosotros pensábamos en esto, el tren había dejado ya atrás a Medina del Campo, y corría por más alegres horizontes...

Hagamos nosotros lo mismo.

De Medina a Salamanca hay 77 kilómetros.

Acerca de los primeros que recorrimos, solo tengo que decir que seguimos cruzando la gran llanura de Castilla la Vieja, más productiva, pero no menos desamparada y monótona que la de Castilla la Nueva. En cuanto alcanzaban los ojos veíamos leguas y leguas de campos sin verdor, recién arados con el mayor esmero, en donde iban a sembrarse los gérmenes de la cosecha de 1878; ¡pero ni un árbol, ni una vivienda, ni un chorro de agua, ni la más leve ondulación en el terreno!...

Sin embargo, aquella interminable planicie casi negra, cobijada por un cielo azul y limpio, e inundada de luz por un Sol alegre y esplendoroso, no carecía de encanto y grandiosidad, a causa de su misma sencillez. Hacía un día hermosísimo, un verdadero día español, y esto lo embellece todo.

Por lo demás, ya íbamos divisando en la soledad de aquellas tierras algunos labradores que araban tranquilamente, y que nosotros no podíamos imaginar de dónde habían salido ni a qué hora se habían levantado para estar allí tan de mañana. Vistos desde el tren, parecían habitantes de la Luna contemplados desde la Tierra, o habitantes de la Tierra contemplados desde la Luna, o más bien parecían un accesorio fijo y permanente de aquel cuadro, como las figurillas humanas que ponen los pintores en los paisajes.

Minutos después (que es como si dijéramos algunas leguas más allá) pasamos por delante de un montecillo de barro, de piedras, de yeso, de tejas y de retama, coronado por un campanario con su cruz y todo... Era un pueblo: era Campillo: quiero decir, era uno de tantos Campillos como figuran en el Nomenclátor de España.

Luego pasamos por El Carpio (o sea por un Carpio, pues también conocíamos ya más de uno)...

Y a las siete y veintiocho llegamos a Cantalapiedra, famosa hoy por su agua potable, que no bebimos.
Habíamos entrado en la PROVINCIA DE SALAMANCA.
Allí comienza ya a rizarse el terreno. Cantalapiedra ocupa una meseta inclinada, donde hubo también antiguamente cierto castillo casi inexpugnable. En el siglo XV los Portugueses se apoderaron de él y defendieron largo tiempo, al amparo de sus muros, las pretensiones de la Beltraneja. Los vecinos de la villa discurrieron entonces que el tal castillo podía con el tiempo dar ocasión a nuevas luchas y trastornos, si lo dejaban en pie; y no bien terminó aquella guerra civil, lo demolieron pacíficamente con sus propias manos. Vese, pues, que no siempre ha corrido como verdad axiomática lo de si vis pacem, para bellum.
Y es cuanto puedo decir de Cantalapiedra.
Puestos otra vez en marcha, el Sol, que iba ya calentando, principió a acariciamos dentro del coche, y acabó por dormirnos amorosísimamente...
Y dormidos pasamos (según luego vimos en El Indicador) por
Nueva Carolina,
Pedroso,
Gomecello
Y Moriscos,
nombres que ningún eco habrían hallado en nuestra memoria, aunque no hubiésemos estado dormidos.
En cambio, quiso la Providencia que despertásemos al salir de esta última Estación, o sea cuando faltaba un cuarto de hora (legua y media) para llegar a Salamanca. De otro modo, nos hubiéramos hallado de pronto bajo los muros de la gran ciudad; cosa opuesta a todas las reglas del arte de conmoverse.

Lo primero que vimos de Salamanca (mucho antes de divisarla a lo lejos) fue sus célebres toros..., los toros salamanquinos, de mil libras de peso y de formidables astas, plantados cerca de la vía y mirando el tren con más cólera que espanto.
—¡Ah, facinerosos! —estuve por decirles—. ¡Desde tiempo inmemorial habéis estado yendo a Madrid a asustarnos con esa fuerza y esos cuernos

que Dios os ha dado!... ¡Ahora nos toca a los madrileños venir a Salamanca a asustaros a vosotros! ¿Por qué no probáis a luchar con esta locomotora?

Los toros debieron de adivinar semejante desafío, y noticiosos, sin duda, del trágico fin de aquellos héroes y mártires de su misma especie que embistieron arrogantemente en las orillas del Jarama a los primeros trenes de Madrid a Aranjuez y de Aranjuez a Madrid, nos volvieron la espalda con suma dignidad, como diciendo:

—¡Nuestra raza cumplió ya ese deber! ¡Su protesta quedó escrita con sangre! ¡Paso a la majestad caída!

Y la verdad es que tenían razón.

En esto apareció ante nuestros ojos Salamanca, surgiendo de la hondonada en que se asienta a la orilla derecha del Tormes.

¡Aquella era, sí, la muy noble y muy leal matrona, con sus rotas murallas; con su centenar de torres y cúpulas, que en línea horizontal se dibujaban en el cielo; con sus amplios edificios de dorada piedra, que reverberaban al Sol, y precedida de una verde arboleda, que parecía servirle de zócalo o de alfombra!

Tanta erguida piedra campeando en el aire, tanta arquitectura, tanta grandiosidad, tanta nobleza, correspondían de todo punto al encomiástico dictado de «Roma la Chica...» Era, pues, indudable que estábamos delante de Salamanca.

V. Entrada en la ciudad. La calle de Zamora
La Estación del ferrocarril de Salamanca distará un kilómetro de la ciudad, y desde aquélla a ésta corre una hermosa calle de árboles, que sirve de paseo público. Además, cuando nosotros fuimos allí, construíase a toda prisa, para el servicio de la misma Estación, una ancha y bien acondicionada carretera, por cuyo explanado trayecto pasaban ya los ómnibus generales y muchos particulares de los hoteles.

¡Porque todo esto había donde ningún alojamiento temíamos hallar cuando en Madrid proyectábamos el viaje!

—¡Señorito, al Hotel H!... ¡Señorito, al Hotel B!... ¡Señorito, a la Fonda X!...
—nos gritaban los commissionnaires et facteurs, ni más ni menos que si acabásemos de llegar a París o Londres.

—¡Bien por Salamanca! —exclamamos nosotros—. ¡Nobleza obliga! ¡Cuando los Grandes se meten a plebeyos, deben hacer las cosas con este rumbo!

Pero de aquella misma abundancia de alojamientos surgía una nueva dificultad, y era que, como no habíamos consultado a nadie antes de salir de Madrid, ni avisado a ningún amigo nuestra llegada a Salamanca, ignorábamos cuál era el mejor hotel, hallándonos, por tanto, en la situación que los franceses (y va de afrancesamiento) denominan embarras du choix.

No era cosa de equivocarse en punto de tamaña trascendencia. Preguntamos, pues, a un guardia civil (autoridad infalible, de tejas abajo), y éste nos recomendó (confidencialmente) el Hôtel del Comercio.

—¡Al Hôtel del Comercio! —dijimos nosotros entonces con absoluta confianza, penetrando en el ómnibus de aquella advocación.

Y partimos.

En cuanto al resto de los viajeros... (¡ah, cucos!), ya se les veía caminar a pie por la calle de árboles: de lo cual se deduce que los demás carruajes volvieron de vacío a la ciudad. Pero ¿qué importaba, si el honor de Salamanca se había salvado?

Dice un refrán novísimo: Haz lo que debas, aunque debas lo que hagas.

Subido en el estribo de la trasera, y con la gorra, la cabeza y medio cuerpo metidos dentro de nuestra jaula, nos miraba y se sonreía el zagal del ómnibus (zagal también por los años, pues no habría cumplido quince), y al ver yo su rostro picaresco, digno de su paisano Lázaro de Tormes, díjeme alborozadamente:

«¡He aquí nuestro cicerone hasta que lleguemos a la fonda!...»

Y me puse con él al habla, previa donación, que le hice, de un cigarro puro.

Aquel joven nos dijo, entre otras muchas cosas menos interesantes, que la puerta, ya sin puerta, por donde poco después entrábamos en Salamanca, se llama todavía la Puerta de Zamora, y que la hermosa calle que allí comienza lleva también el nombre de la ciudad de Gonzalo Arias.

Y nosotros recordábamos, por nuestra parte, el clamoreo que se alzó en las Academias de Madrid el año de gracia de 1855, cuando los salmantinos (no todos) tuvieron a bien derribar la tal puerta, sin reparar en que había servido de Arco de Triunfo para la entrada del emperador Carlos V en la ciudad del Tormes el año, también de gracia, de 1534...

La dicha Calle de Zamora, que, según vimos después, es la mejor de Salamanca, llamó sobre todo nuestra atención, y muy particularmente la mía, por su color pardo, austero y como de vejez. Y era que mi último y entonces recientísimo viaje de recreo había tenido por teatro la provincia de Cádiz, y mis ojos estaban hechos a ver pueblos blanquísimos, relucientes, flamantes, nuevos, por decirlo así, adornados de verdes balcones, de floridos patios expuestos al público, y de enjalbegadas horizontales azoteas al estilo de África: era que aun danzaban en mi imaginación aquellas ciudades muertas de risa, sin monumentos históricos ni humos artísticos, sencillas, graciosas y coquetas como jóvenes vestidas de veraniego percal, que se llaman Sanlúcar, los Puertos, San Fernando y Cádiz.

Salamanca, por el contrario, se me presentaba en la Calle de Zamora, vestida de paño y de terciopelo, de hierro y de gamuza, como una especie de ricahembra apercibida a asistir al Consejo o a la batalla, y más aficionada al templo que al sarao. Muchas casas eran de piedra, y otras estaban pintadas de un modo severo, anticuado, monumental. La arquitectura y la arqueología, la historia y la leyenda extrañas completamente al alegre caserío gaditano, reaparecían, pues, a mi vista con sus venerandos caracteres. Grandes escudos heráldicos campeaban encima de varias puertas, o en los espaciosos lienzos de fortísimos muros, o en el herraje negro y feudal de rejas y balcones. Estos balcones tenían por dosel enormes guardapolvos; los tejados remataban en descomunales aleros, y abajo, las amplias y voladas rejas terminaban en humildes cruces. Veíanse portadas de aquel período del Renacimiento que puede llamarse plateresco español; otras de arco romano, con grandísimas dovelas, al estilo del tiempo de los Trastamaras, y algunas de tan imponente y esquiva hechura, que, a no correr el año de 1877, hubiera yo jurado que en tales casas vivían poderosos inquisidores o alguno de aquellos terribles mayorazgos que solían ser jefes de una docena de hermanos, todos ellos soldados, frailes y monjas. ¡Indudablemente estábamos en Castilla la Vieja, o, mejor dicho, en el antiguo reino de León! ¡Hasta el aire era allí godo, español, rancio, cristiano puro, antisarraceno, en fin —ya que es menester decir las cosas claras!

Y cuenta que Salamanca no tiene nada de lúgubre, de sombría ni de taciturna, como nosotros mismos habíamos creído hasta entonces, equiparándola a otras ciudades castellanas; sino que es, y desde luego conocimos que era, una población alegre, animada, de mucha luz, de hermoso cielo, de libre y puro ambiente, digna, en fin, de albergar, como alberga, a los que suelen ser llamados en Valladolid y Burgos los andaluces de Castilla.

Con esto llegamos al hotel, situado al otro extremo de aquella misma calle; elegimos habitaciones, que nos parecieron excelentes: y como entonces se nos advirtiera o notificara de oficio que en aquel establecimiento se almorzaba a las once en punto, batimos palmas en señal de alegría, y tomamos enseguida la escalera abajo, a fin de aprovechar la hora y pico que faltaba para la canónica del almuerzo, en dar el primer paseo artístico por la ciudad de los Fonsecas y Maldonados.

VI. La plaza mayor. El corrillo de la hierba

El primer paseo por toda ciudad monumental debe hacerse sin cicerone y sin Guía escrita, única manera de formar juicio propio de las cosas y admirarlas, o no admirarlas, independientemente de sugestiones y comentarios ajenos.

Esto hicimos nosotros aquella mañana: salimos a la calle a la buena de Dios; y como lo primero que divisamos fuese a muy pocos pasos de la puerta del hotel, cierto arco de piedra que daba acceso a una gran plaza con árboles y jardines, nos dirigimos allá resueltamente, no sin preguntarnos antes con tanto énfasis como si acabásemos de descubrir la India:

—¿Qué plaza será ésta?

Pronto leímos en los azulejos que era la Plaza Mayor, y pronto dedujimos de otras señales que era también la plaza del Ayuntamiento, la plaza de la Constitución, el foro salmantino.

Declaro que, prima facie, nos agradó mucho la tal plaza; y, verdaderamente, su conjunto es magnífico. Disputen los arquitectos y los meros aficionados al arte (nosotros disputamos también allí sobre ello) acerca de si la ornamentación peca de más o menos barroca y pesada, sobre la desproporción que hay entre los huecos y los macizos, a tal punto que ciertos adornos y molduras parecen miembros principales de la obra, y sobre lo mucho que la composición se resiente del mal gusto dominante cuando se ejecutó (que fue en tiempo de los Churrigueras y de Borromino); pero, aun así, el aspecto general resulta noble, rico, decoroso, hasta regio...; digno, en fin, ya que no de la exquisita Salamanca, de cualquier adocenada corte. Además, la exornación moderna (jardines, fuentes, candelabros, etc.) es sumamente agradable, y denota gran esmero y elegancia de parte de los Ayuntamientos salmantinos de nuestros días.

Aunque la Plaza Mayor parece cuadrada, no lo es, sino que forma un trapecio cuyos lados varían de 72 metros a 82. Todas las casas son iguales y tienen tres cuerpos. El cuerpo inferior deja expedito un ancho pórtico, o sea unos soportales corridos, donde hay más de cien tiendas de comercio, muy variadas y bien surtidas. Los otros dos cuerpos son también arquitectónicos, y obedecen a un plan monumental dibujado por el célebre maestro don Andrés García de Quiñones, el cual no anduvo muy disparatado para lo que entonces se estilaba en el mundo... (Me refiero a 1710, fecha en que don Felipe V visitó la ciudad y dio permiso para concluir la obra.)

Nicolás Churriguera, descendiente del famoso don José, y como él natural de Salamanca, encargóse de la ejecución, con otros arquitectos que no recuerdo ahora, y fue el exclusivo autor de una estupenda fachada (la de las Casas Consistoriales), recargadísima de hojarasca y de mil locuras de piedra, que debe de agradar mucho generalmente, y que tampoco dejó de gustarnos a nosotros como documento artístico. ¿No andamos hoy comprando a altísimos precios marcos dorados y otros muebles de estilo barroco? ¿No está hoy de moda lo Pompadour y hasta lo Dubarry, tanto como ayer estaba lo gótico y anteayer lo pagano? ¡Pues ya hemos absuelto a los Churrigueras y sus discípulos, si no como doctrina y norma del arte, como hecho consumado y dato histórico, y con la condición de que no vuelvan!

En dicha fachada había dos excelentes bustos de Carlos IV y de María Luisa, ejecutados por uno de los más insignes entre los varios grandes escultores españoles que han llevado el apellido Álvarez. Refiérome a don Manuel Álvarez, llamado comúnmente el Griego, hijo también de Salamanca y autor de las cinco hermosas estatuas de la Fuente de Apolo y las Cuatro Estaciones que embellecen el Salón del Prado de esta coronada villa... Pues bien: los tales bustos fueron derribados y destruidos en no sé qué asonada popular, sin consideración alguna a su mérito artístico... ¡Y, sin embargo, todavía hay artistas que no son reaccionarios!

Muchos otros bustos de antiguos reyes e ilustrados Capitanes hay en las enjutas de los arcos de dos lados de la plaza; pero valen tan poco como esculturas, y es tan problemático su parecido, que el motín los respetó. Bastante más que todos ellos nos interesó una sencilla lápida que conmemora, en la fachada de la casa número 19, que allí vivió y murió el famoso poeta salmantino don José Iglesias.

Terminado el examen de la Plaza Mayor, atrajeron nuestra vista y despertaron nuestra curiosidad dos altísimas torres gemelas, dominadas por una cúpula y un cimborio, y no exentas de majestad y gallardía, que asomaban a lo lejos, hacia la parte del Sudoeste, por encima de las intermedias manzanas de casas.

—¿Qué será aquello? —volvimos a preguntarnos.

—Aquello... —respondió un bondadoso transeúnte, que nos miraba con tanta extrañeza como nosotros a las dos torres—, aquello es la Compañía.

—¡Ah, ya!... Los Jesuitas...

—Justamente...; la grandiosa Casa de los Padres...

—Muchísimas gracias... —replicó el más liberal de nosotros cuatro, levantando la sesión con un saludo.

Y todos nos dirigimos allá resueltamente.

Pero, no bien salimos de la Plaza Mayor, entramos en una plaza... mínima, que nos enamoró mucho más que la que dejábamos. ¡Tanto nos enamoró, que si los hijos del país hubiesen oído nuestras celebraciones, las habrían considerado irónicas y burlescas!

Porque se trataba de una plazoletilla triangular, de irregulares líneas y viejo y abigarrado caserío, donde no había dos balcones iguales, ni dos edificios simétricos, ni monumento alguno bueno ni malo; nada, en fin, que fuese elegante, ordenado, lujoso, o tan siquiera limpio. ¡Y en esto precisamente consistían su belleza artística, su encanto poético, su color histórico!

El Corrillo de la Hierba se llama aquel sitio. Se lo recomiendo a toda persona de buen gusto que vaya a Salamanca. Verá allí aglomeraciones de casas viejas, como las que figuran en las decoraciones teatrales o en los cuadros referentes a la Edad Media; verá allí un variado y grotesco repertorio de balcones, aleros, guardapolvos y barandajes sumamente característicos; verá puertas chatas, paredes barrigonas, ventanas tuertas, pisos cojos y tejados con la cabeza dada a componer, como no los encontrará en ninguna otra parte. Y ¡qué escenas localiza en aquel sitio la imaginación! ¡Qué fondo aquel para un lienzo que representase el célebre motín en favor de los Comuneros, o las sangrientas riñas a que dio ocasión doña María la Brava, o una de aquellas temerarias revueltas contra los Franceses, coronadas luego de gloria por la batalla de Arapiles!

Además de los multiformes tenduchos que rodean la plazuela, y que le añaden animación y fuerza dramática, veíase a aquella hora una infinidad de puestos amovibles o matutinos; es decir, una multitud de lugareñas sentadas en el suelo, con su cesta de huevos al lado, y rodeadas de pollos, pavos y gallinas. Aquellas mujeres, vestidas con pesadísimos dobles refajos, y liadas en una especie de manta, parecían montones de lana de vivos colores, de cuyo fondo salían pregones tan agrios y desapacibles como el cacareo o los graznidos de las propias aves pregonadas.

Agréguese a esta algarabía el disputar de los hombres, los gritos de los muchachos, la charla de las criadas que hacían la compra, el ruido de los talleres, el son de unas campanas vecinas que tocaban a niño muerto, los perros ladrando, los pobres pidiendo limosna, bestias cargadas que iban y venían, y el correspondiente vocear del que las arreaba, y se formará juicio aproximado del Corrillo de la Hierba, a las diez de la mañana de un día de octubre del ya casi octogenario siglo XIX,

De buena gana nos hubiéramos estado allí hasta las once; pero las torres de la Compañía seguían llamándonos, y no era cosa de desairarlas cuando alguno de nosotros acababa de cobrar en Madrid fama de jesuita. Continuamos, pues, nuestra marcha en aquella dirección, tomando por una solitaria calle, que creo se llama de Sordolodo.

VII. La Casa de las Conchas. Iglesias y Colegio de la Compañía de Jesús. Más iglesias y palacios

Desde que penetramos en aquella calle, Salamanca tomó a nuestros ojos un nuevo aspecto. Ya no era la señorona del siglo pasado representada por la

65

Plaza Mayor; tampoco era la revoltosa ciudadana del siglo XVI, que gritaba y luchaba en el Corrillo de la Hierba: ya era una dama gótica, tan severa como triste; mucho más triste, a decir verdad, que en la Calle de Zamora.

La en que acabábamos de entrar y las adyacentes eran angostas y torcidas, como anteriores al uso de los coches urbanos: blasones nobiliarios y portadas artísticas de la Edad Media adornaban sus ruinosas casas, y un silencio de muerte servía allí de melancólico acompañante a la romántica soledad. Ni una sola tienda profanaba aquellos portales. No se veía alma viviente ni en rejas ni en balcones. Dijérase que en tal barrio no vivía criatura humana. Parecía aquello, más que realidad de los tiempos presentes, engendro fantástico de un poeta de 1838, de un Espronceda, de un Zorrilla, de un García Gutiérrez.

Salimos al fin frente por frente del Colegio de la Compañía, y ya nos disponíamos a estudiar la enorme y suntuosa fachada de su iglesia, cuando reparamos que en la acera opuesta se alzaba una de las maravillas arquitectónicas más célebres de Salamanca; uno de los monumentos que íbamos buscando ex-profeso en aquel viaje; uno de los palacios más bellos y singulares que nos ha legado el siglo XV. Me refiero a la Casa de las Conchas.

Nosotros la conocíamos, como todo el mundo, por la fotografía y por el grabado: nosotros habíamos contado muchas veces con el dedo sobre el papel las elegantísimas conchas de piedra que cubren su extensa fachada... Pero hay que ver el edificio en el original, con su color y su tamaño, para formar completo juicio de su gentileza y hermosura. Hay que ver, por ejemplo, la sombra natural que proyectan las abultadas conchas, heridas por el Sol, sobre la dorada piedra del pulimentado muro: hay que ver las cuatro preciosas ventanas, dos de ellas muy parecidas a ajimeces árabes, que interrumpen a largos trechos la planicie de aquellas paredes: hay que ver aquellas esquinas, de afilada y correctísima arista, como si fuesen de bruñido acero, y de las cuales se destacan, campeando en el aire, bellísimos escudos de piedra, que son otros tantos primores artísticos: hay que ver, en fin, aquellas otras grandes conchas de hierro que cubren a su vez, por vía de clavos, la gran puerta de entrada, y el precioso herraje de aquellas melodramáticas rejas (perdonadme el adjetivo), y aquel gran Escudo Real que preside la fachada, y todos aquellos perfiles aristocráticos y piadosos que ennoblecen el exterior de tan poético palacio... Ya he dicho que data del siglo XV. Así lo revela su arquitectura, cuyo conjunto es gótico decadente con detalles platerescos; y así lo indican también el yugo y el haz de flechas, blasón especial de los Reyes Católicos, que se ven en el mencionado Escudo Real.

Las conchas que ostenta todo el edificio significan que el que lo mandó construir era caballero santiagués y que había ido tenía hecho voto de ir en peregrinación a Compostela, así como los escudos con cinco lises que adornan las esquinas y la espalda del palacio, prueban que el tal santiagués pertenecía a la poderosa y esclarecida familia de los Maldonados de Salamanca.

Y, en efecto, la Casa de las Conchas fue primero de los Maldonados, señores de Barbalos; luego la heredaron los marqueses de Valdecarzana, y hoy la posee el cinco veces Grande de España conde de Santa Coloma, en su calidad de conde de las Amayuelas.

Por cierto, y perdonadme la digresión, que Francisco Maldonado, el célebre comunero, el compañero de Bravo y de Padilla, el degollado del gran cuadro de Gisbert, no pertenecía a la rama principal de la familia mencionada, de la cual era jefe, aunque tampoco dueño de la Casa de las Conchas, un don Pedro Maldonado y Pimentel, también afecto a la causa de las Comunidades, del cual me parece oportuno decir aquí algunas cosas, de todos sabidas, por si hay alguien que las tenga olvidadas, cosa que a mí me acontecía no hace muchas horas...

Notorio es que Salamanca acudió en auxilio de Segovia contra el alcalde Ronquillo, como casi todas las ciudades castellanas. Principió en Salamanca la cosa por un gran motín (¡indudablemente estalló en el Corrillo de la Hierba!), durante el cual quemó el pueblo una casa del mayordomo del terrible Fonseca, arzobispo de Santiago, derribó otras muchas, y arrancó las varas a las autoridades. En tal coyuntura, el poderoso don Pedro Maldonado y Pimentel, creyendo que los victoriosos amotinados no podían hacer nada bueno en Salamanca, y sí se lucirían muchísimo yendo en auxilio de los Comuneros, formó con ellos una crecida hueste, y los llevó a luchar contra los imperiales. Los salmantinos lidiaron en diferentes jornadas con varia fortuna, que se les declaró al fin totalmente, adversa en los campos de Villalar. Al lado de Maldonado Pimentel, o mejor dicho, en las filas de su gente, peleó allí como bueno otro Maldonado, algo pariente suyo y también hijo de Salamanca, y ambos cayeron prisioneros después de su derrota. Fueron entonces condenados a muerte los principales cabecillas o jefes de Comuneros; pero como el don Pedro Maldonado Pimentel tuviese parentesco con el famoso conde de Benavente, consiguióse que el otro Maldonado, conocido por el de la calle de los Moros, muriese en lugar suyo con Bravo y con Padilla, cual si este bárbaro ardid pudiera deslumbrar a la opinión pública... ni aun en tiempos en que no había periódicos. Y al cabo sucedió que los imperiales, después de guardar encerrado algunos meses al Maldonado Pimentel, diéronse cuenta de que nadie había sido engañado con la sustitución referida, y tuvieron que degollarlo también, me parece que en Simancas, un año después que a su homónimo. Por manera que el insigne don Pedro trocó por un año de vida los siglos de popularidad que ha disfrutado y disfrutará todavía muchísimo tiempo la memoria del pobre don Francisco, y el alto honor de figurar en el mencionado cuadro de Gisbert.

Conque volvamos a la Casa de las Conchas.

La puerta estaba abierta; llamamos, sin embargo, y no nos respondieron... ¿Qué hacer en tal apuro, sabiendo, como sabíamos por la fotografía y el grabado, que el patio era bellísimo?

Perdone el señor conde de Santa Coloma: el partido que tomamos fue colarnos de rondón en su casa, bajo la salvaguardia de nuestras buenas intenciones...

¡Y qué patio vimos! Su estilo podía calificarse de mixto de gótico y mudéjar: las líneas generales tenían más de mudéjares que de otra cosa; en las ventanas y demás pormenores predominaba lo gótico. De una o de otra suerte, todo era allí gallardo, primoroso y del mejor gusto, causando verdadero asombro la prolijidad y esmero de su ejecución. Baste decir que la dura piedra semejaba trenzados de cuerdas, como si fuese cáñamo, y hasta calados de encajes, como si fuera lino...

De buena gana hubiéramos llevado más adelante nuestra exploración; pero no nos atrevimos a tanto, y salimos de aquella interesantísima casa como habíamos entrado en ella: llenos de respeto a su carácter señorial y religioso y de admiración a sus bellezas artísticas.

Desventajosa en sumo grado para la arrogantísima Iglesia de los Jesuitas (que, como he dicho, se alza frente a la Casa de las Conchas), es la transición de un edificio a otro. Todo lo que el caballeresco palacio gótico tiene de fino, delicado y como espiritual, lo tiene de pesado, rudo y meramente corpóreo el enorme templo greco-romano que erigió allí la Compañía de Jesús. Y aún todavía fuera menor tal desventaja, si el estilo pagano de la católica iglesia se distinguiese por su pureza y corrección... (que, entonces, ya sería cuestión de gusto o de escuela entre clásicos y románticos); pero acontece que este suntuoso templo es barroco dentro de su mismo estilo, dado que pecó desde su origen contra las reglas clásicas y luego sufrió el pernicioso influjo de los peores tiempos de la arquitectura neogentílica.

Pero ¿a qué cansarme en explicar lo que ya tiene su nombre propio? Esta iglesia de la Compañía es un nuevo ejemplar, sumamente característico, de la que hoy se llama en las Academias Arquitectura Jesuítica, bien que exceda en majestad y hermosura a cuantas erigieron los discípulos de Loyola en España, Portugal y América.

Resumiendo: el templo de que tratamos solo es grandioso por el grandor material de su tamaño y por los tesoros que representan tantísimas disformes piedras como se ven empleadas en su estupenda escalinata, en una portada inmensa, en dos recias y vistosas torres, en una ingente cúpula coronada por altísimo cimborio, y en infinidad de estatuas, agujas, escudos, bolas, molduras, balcones y ventanas; que de todo hay en aquella fachada, y todo gigantesco, descompasado, descomunal...

La Iglesia y Colegio de la Compañía fueron fundados por Felipe III y Margarita de Austria. Ambos edificios ocupan más de 20.000 metros cuadrados. Para construirlos, o sea para explanar el terreno en que se alzan, se derribaron dos iglesias y tres manzanas de casas, suprimiéndose dos calles enteras. Por cierto que la Casa de las Conchas se vio en peligro de venir también al suelo, y que, si no se consumó semejante atentado, debióse, según unos, al valor cívico y tradicional cultura de los hijos de Salamanca, y, según conseja vulgar, a lo inadmisible de cierta humorística e indecorosa condición, que no creo llegara a formularse...

En el Colegio hay habitación para 300 misioneros, y todos los salones, aulas y demás dependencias de una verdadera universidad...

En fin: un portero nos dijo, como supremo, encomio, que las llaves de toda la casa pesan diecinueve arrobas... ¡Qué español rancio es este criterio estético!

El interior de la iglesia no es tan grande de tamaño ni tan ostentoso de forma como hace presumir su exterior. De orden dórico, y solo rico en vulgares retablos churriguerescos, resulta frío e insignificante. Únicamente llama allí la atención el Retablo del Altar Mayor, por lo enorme, colosal y complicadísimo de su estructura. Puede decirse que es una tempestad de pino y oro, al par que un motín contra las reglas arquitectónicas. En los fustes de las que no sé si llamar columnas, se ven enredadas hojosas vides de tamaño natural, con sus racimos correspondientes; todo ello dorado y luego bruñido. Las gigantescas estatuas de los cuatro Evangelistas, que también forman parte de la composición, parece que cruzan un páramo en día de mucho viento: ¡tan infladas y revueltas están sus vestiduras!

Arrodillada en medio de aquel solitario templo vimos a una guapísima peregrina, demasiado hermosa, limpia y elegante para penitente, o, cuando menos, para excitar ideas de penitencia. Apoyábase en el báculo; pendía el amplio sombrero sobre su espalda de cariátide, y tenía fijos en el altar mayor unos grandes y relucientes ojos que parecían dos soles negros... Comedia o tragedia (yo creo piadosamente que sería lo último), aquella actitud, aquella santa vestidura, el lugar de la acción y nuestras propias circunstancias nos infundieron respeto, y ni nos curamos de preguntar a nadie quién era la peregrina, ni hemos vuelto a hablar de ella desde entonces...

Y es cuanto recuerdo de la mejor casa que los Jesuitas tuvieron en España. Esta frase no me pertenece: se la oí al ya difunto padre Manrique. Por mi parte, debo añadir que Salamanca debía tal desagravio a san Ignacio de Loyola; pues (como ya veremos más adelante) el celebérrimo fundador de la Compañía de Jesús fue procesado y estuvo preso en la ínclita ciudad del Tormes.

Libre nuestra atención del poderoso atractivo de la Casa de las Conchas y de la Iglesia y Colegio de los Jesuitas, volvió a fijarse en el carácter poético y artístico de aquel histórico barrio. Pero lo que ya nos asombraba en él no era tanto su aire de vejez y de romántica melancolía como la grandeza monumental que siguió desplegando a nuestros ojos.

Calle de la Compañía se llama la que comienza en los edificios citados, y, así ella como todas las plazuelas, calles y callejas inmediatas, se componen de una sucesión de altas construcciones de piedra, o sea de una no interrumpida serie de palacios, de iglesias, de conventos, de colegios y de casas señoriales, que nos infundía respeto y veneración. Todo era allí monumento, como en algunos barrios de Ferrara, Pisa y Florencia. Por todas partes alzábanse padrones de historia militar, de devoción, de aristocracia o de ciencia, según la arquitectura y. destino de cada edificio. ¡Oh! No podíamos negarlo: estábamos en la Atenas castellana: estábamos en Roma la Chica.

¡Doquier piedra, silencio y soledad! Mas esta soledad no era ya medrosa como la de las ruinas o la de los cementerios: era plácida y augusta como la de los claustros. Cierto que nadie pasaba, ni parecía haber pasado hacía mucho tiempo, por aquellas nobilísimas calles: certísimo que altas hierbas crecían entre las losas y guijas del empedrado...; pero no sé si la presencia de tanto escudo de armas como adornaba las esquinas, las fachadas, las puertas, los canceles, los balcones y las rejas de templos, colegios y palacios, o si lo bien conservados que se veían hasta los más menudos detalles arquitectónicos de cada página de piedra, o si la índole y forma cristianas de aquellos monumentos, les hacían aparecer vivos, subsistentes, militantes como las cerradas ermitas que conservan su campana, como los mudos conventos en cuya portería arde por la noche una luz ante la imagen de María, o como los desnudos árboles del invierno, cuando se ve que sus ramas se doblan, pero no se quiebran, al impulso de los huracanes...

¡Ah! sí... Salamanca no representa una edad pasada o una raza muerta, como acontece con muchas ciudades ricas en monumentos gentiles: Salamanca existe todavía con toda su antigua vitalidad, aunque en estación tan desfavorable. Y existe, porque no ha caducado enteramente la civilización a que debió su vida; porque los ideales de que son noble símbolo sus iglesias y colegios, siguen imperando en la Nación que reconstruyeron los Reyes Católicos; porque, ya que no dentro de las viejas murallas que besa el Tormes, a lo menos en los flamantes hoteles del ensanche de Madrid se perpetúan, con sus antiguos blasones, las familias aristocráticas que levantaron aquellos palacios que nosotros íbamos viendo; porque subsisten, en fin, la Religión cristiana, la Monarquía española, la Nobleza de Castilla y hasta las democráticas Leyes patrias que defendieron las Comunidades; es decir, todos los veneros de la grandeza salmantina.

Si todo esto desapareciese, Salamanca, por muy bien conservados, que guardase sus monumentos, no pasaría de ser un cadáver, como Nínive o Pompeya.

Pero dejémonos de discursos, y enumeremos, siquier rápidamente, las cosas que vimos aquella mañana antes de regresar a la fonda.

En una esquina próxima al Colegio de la Compañía leímos en letras de oro y sobre marmórea lápida que allí vivió el gran poeta Meléndez Valdés.

Más abajo descubrimos la que un azulejo denominaba Plazuela de San Benito, la cual, más que plaza, parecía el compás de una Cartuja. Tampoco había allí gente. Lo único que allí había era una hermosa iglesia, consagrada al santo que da nombre a aquel lugar; iglesia que, según supimos luego, había servido además de panteón a la familia de Maldonado, cuando era lícito dormir el sueño eterno al pie de los altares, o sea en tiempos en que no se anteponía a todo la higiene.

Después fuimos hallando muchas casas góticas o platerescas, en cuyas lindísimas portadas se veían grandes escudos que nos indicaban la familia a que pertenecían o habían pertenecido. El Sol de los Solís, las cinco lises de los Maldonados, y, sobre todo, las estrellas de los Fonsecas, abundaban más que ningún otro blasón.

Y aquí debo apuntar que la casa de Fonseca fue, durante siglos, la más poderosa de Salamanca, así en lo civil como en lo eclesiástico, y que, aparte de sus grandes guerreros, la hicieron célebre en toda la cristiandad aquel severísimo arzobispo de Santiago y Patriarca de Alejandría de que tanto hablan las historias, y otro arzobispo de Santiago y de Toledo, hijo suyo, a quien debieron los salmantinos importantísimas fundaciones, como diremos oportunamente.

De la plazuela de San Benito pasamos a otra no menos solitaria y monumental, denominada del Águila, siendo de advertir que, como no encontrábamos a nadie que pudiese indicarnos el camino, teníamos que guiarnos por la posición del Sol, a fin de llegar pronto al hotel, pues iba siendo hora de almorzar... en su reglamento y en nuestro estómago.

En la Plazuela del Águila se eleva un hermoso edificio greco-romano, que colegimos sería la famosa Iglesia de las Agustinas, de que tanto habíamos oído hablar en Madrid. Ni por un instante nos ocurrió penetrar en ella, sino que dejamos su examen para la tarde o para el día siguiente, a fin de estudiarla con el debido detenimiento.

Pero de un peligro caímos en otro, y cuanto más apretábamos el paso, mayores prodigios arquitectónicos nos salían al camino tratando de detenernos...

De la Plaza del Águila pasamos a la de Monterrey, y nos encontramos frente a frente del magnífico palacio de este nombre, que es otra de las maravillas de Salamanca, según podéis ver en los escaparates de los fotógrafos de esta villa y corte, y que sirvió de modelo para el Pabellón Español de la Exposición de París de 1867.

Huimos, pues..., bien que jurándonos volver al cabo de pocas horas. Y no huíamos ya solamente para que no se enfriara el almuerzo, sino porque nos aturdía aquella rápida sucesión de emociones, tanta nueva belleza, tanta poesía, tanta historia, tanto portento de diverso orden como llamaba nuestra atención por todas partes y a un mismo tiempo. ¡Necesitábamos descansar, hacer algunos apuntes, descargar nuestra memoria!...

Llegamos, al fin, al hotel... Y considerando yo ahora que mis lectores estarán también necesitados de algún reposo, pongo punto a este capítulo, dejando para el siguiente el hablarles del almuerzo y de otras cosas interesantísimas, ninguna de las cuales (dicho sea entre paréntesis) tendrá nada que ver con la Arquitectura.

VIII. La Plaza de las Verduras. La frontera de Portugal. El rey de los Tíos. Un traje de charra. La Calle de la Rúa. La Universidad

Del almuerzo que nos aguardaba en la fonda debo decir, no como dato oficioso y trivial, sino para instrucción de los viajeros que vayan a Salamanca, que nada tenéis allí que temer, y sí muchos goces que prometeros, por muy gastrónomos y delicados que seáis. El Hôtel del Comercio se encargará de no desmentirme.

¡Qué tortilla! ¡qué truchas! y ¡qué jamón! y ¡qué peras... de cristal! (Este era su nombre.) Lo único, medianejo fue el vino...; pero a bien que nosotros teníamos todavía en nuestra despensa ambulante, no de lo nuevo (que dice el marido de Inés en los versos de Baltasar de Alcázar), sino de lo bueno.

Para colmo de satisfacción, almorzamos en muy grata compañía; pues habéis de saber que, cuando llegamos a la fonda, nos encontramos con que nos aguardaban en nuestro cuarto aquellos antiguos amigos que, según indiqué en el capítulo primero, tenía yo en Salamanca. Era uno de ellos el distinguido escritor que suele dirigir preciosas cartas a La Época bajo el seudónimo de la Baronesa del Zurguen, y cuyo verdadero nombre (tiempo es de que lo sepa el público, aunque el interesado se enoje de mi locuacidad) es don Ramón Losada. Otro era el erudito cronista de la provincia y aventajado poeta don Manuel Vilar y Macías. Era el tercero... (no en persona, por hallarse algo malo, mas representábalo un sobrino) el Dignidad de Chantre de aquella catedral don Camilo Álvarez de Castro, de quien hablaremos luego. Diré aquí solamente que su sobrino y representante, el presbítero don Elías Ordóñez, no tardó en hacernos conocer cuánto valía por sí propio, o sea por su buena instrucción y buena crítica. Y estaba, en fin, allí el menor de los dos discretísimos hijos y herederos del talento de Losada... En cuanto al primogénito, también antiguo amigo mío (pues lo conocí cuando todavía no le apuntaba el bozo), hallábase en el campo con su señora madre.

Pero ¿cómo habían sabido aquellos señores (a quienes pensábamos ir a ver después de almorzar) que estábamos en Salamanca? El caso había sido muy sencillo: un madrileño que nos conocía de vista, pero que no nos trataba, nos vio llegar a la Estación; el madrileño se lo dijo a un compañero suyo de oficina, que era amigo mío; el amigo mío, que sabía mi intimidad con Losada, fue a casa de éste en nuestra busca; Losada envió enseguida recado al Chantre y a Villar y Macías, y organizóse en el acto una batida general por todas las fondas y casas de pupilos, comenzando por el Hôtel del Comercio.

—¿De modo —exclamamos nosotros—, que ni Frontaura ni su policía saben nuestra llegada a Salamanca?

—Creemos que no; pero, aunque el Gobernador la supiera, no podría acudir a ustedes hasta las dos de la tarde. Hoy es el cumpleaños de la reina doña Isabel II, y, con tal motivo, hay besamanos en el Gobierno civil; o, mejor dicho, el Gobernador recibe corte. Si quieren ustedes, nosotros, cuando vayamos a la recepción, le diremos que están aquí.

—¡De manera alguna! Nosotros debemos procurar que Frontaura ignore nuestra llegada a su ínsula, a fin de sorprenderlo y de poner en solfa a sus esbirros e inquisidores.

—Pues entonces optamos por no asistir al besamanos oficial, y luego iremos con ustedes a ver a Frontaura.

—¡Admirable ideal! De este modo podrán ustedes hacernos el obsequio de acompañarnos ahora mismo a visitar la Universidad...

—Con muchísimo gusto...

—Pues andando.

Ya que este capítulo ha comenzado en estilo familiar, y que son muchas las intimidades en él referidas, aprovecho la ocasión de deciros, para que nos entendamos mejor, que mis tres compañeros de viaje eran: un ex ministro de Hacienda, muy aficionado a las Bellas Artes y competentísimo en ellas y en otras muchas cosas; un ex diplomático y ex consejero de Estado, dado a la arqueología, a la numismática y a la indumentaria, el cual conoce por su nombre a todos los baratilleros del Rastro de Madrid, y uno de nuestros más afamados pintores, que ganó en la Exposición Nacional de hace algunos años el primer premio de Pintura de Historia.

Pues bien: este pintor y yo declaramos, al salir del Hôtel, que nosotros, por razón de oficio, teníamos obligación de estudiar, no solo obras de arte, sino costumbres, tipos, paisajes y otras escenas pictóricas o novelescas, y que, por consiguiente, sin perjuicio de ir a la Universidad y a todos los edificios monumentales de Salamanca, deseábamos contemplar también los sitios, las perspectivas y los cuadros naturales más característicos de la ciudad, añadiendo (para que el ex ministro y el ex consejero comprendiesen bien nuestra pretensión) que en el Corrillo de la Hierba nos habíamos quedado con hambre de aprendernos de memoria a aquellos tíos, o sea a aquellos vendedores y compradores, y sus vestimentas, adornos y mercancías.

Nuestros compañeros de viaje hallaron muy justa esta demanda, y, en su virtud, los bondadosos salmantinos que a todos nos servían de cicerone nos prometieron hacernos dar cuantos rodeos creyesen interesantes, aunque tardásemos mucho tiempo en llegar a la Universidad.

Principiaron, pues, por llevarnos a la Plaza de las Verduras, contigua a la Mayor, no sin que antes, al pasar nuevamente por ésta (y prescindiendo ya de aficiones y leyes arquitectónicas), nos detuviésemos a mirarla con ojos de amantes de la Pintura y de la Poesía; y a fe que nos maravilló sobremanera y arrancó celebraciones generales el pintoresco efecto que hacía la proyección de los verdes árboles sobre la dorada piedra de arcos y fachadas, así como el recorte de estos mismos dibujos monumentales sobre el cielo azul y purísimo de aquella hermosa mañana de otoño...

Pasamos entonces a la Plaza de las Verduras.

La Plaza de las Verduras, extensísima, muy desnivelada, de trazado irregular, con grandes y viejos edificios históricos, y con otros vulgares y feísimos, viejos también, nos pareció una amplificación del Corrillo de la Hierba. Su lado más largo y más alto estaba todo lleno de puestos de frutas, legumbres y otros comestibles. Veíanse allí, en lechugas, pimientos, escarolas, cardos, acelgas y coliflores, todos los verdes de la paleta de nuestra madre Natura, mientras que las peras, los melocotones, los nísperos, los tomates, las manzanas, las uvas, los higos, las naranjas, las granadas, los limones y otros frutos, ostentaban variados colores y despedían ricos aromas.

Nada hay más hermoso ni agradable en el comercio (a lo menos para mí), que estos bazares, vulgo mercados, en que se venden la inocencia y hermosura naturales y la eterna verdad campesina... Allí no había falsificación, violencia ni engaño alguno: aquellas manzanas eran manzanas; aquellas uvas eran uvas; aquellos higos eran higos, y todo aquello había brotado amorosamente del seno de la tierra para alimentar al hombre. En comparación de los puestos de frutas y legumbres, ¿qué son las carnicerías, las pescaderías, las tiendas de caza y los primeros de latas llenas de conservas? ¡Cementerios, campos de batalla, losas de hospital; algo que representa la muerte en lugar de la vida! ¡Ah! ¿Por qué no se contenta el hombre con ser herbívoro?

Y ¡qué color (pictóricamente hablando), o qué variedad de colores fuertes (para decirlo con más claridad) en los trajes de vendedoras y vendedores, de compradores y compradoras! ¡Cuánta ropa, a principios de octubre! ¡Cuánta lana! ¡Qué refajos, qué mantas, qué capas, qué capotes, qué anguarinas!

Por el abrigo y color general, así como por el dibujo o hechura, la indumentaria de aquellas, gentes recuerda a León y a Galicia. Y es que la provincia de Salamanca forma ya parte de aquel triángulo Noroeste de nuestra España por donde no se va a ninguna parte. Por Andalucía, que es otro rincón, o, mejor dicho, otro cujón de Europa (subrayo esta palabra, porque todavía no está en el Diccionario), se va a África, se va a América, se ha ido a Filipinas... Así es que allí no se detiene nada; allí no hay remanso; allí corre el tiempo; allí cambian las modas. Pero en el cujón Noroeste de la Península no circula el aire de las mudanzas: en él se estaciona todo, lo mismo las modas que los sentimientos; cosa que, por idéntico motivo, acontece también en otro país de análoga situación: en la Bretaña de Francia.

Y no se me diga que por Salamanca se va a Portugal... ¡La frontera lusitana es peor que la del agua! ¡Es una frontera de hielo! El Miño resulta más ancho, más hondo y más amargo que el Océano.

Volviendo a las salmantinas rurales, diré que, más que sus refajos amarillos y sus pañuelos en la cabeza (toilette frecuente en España), llamó nuestra atención una manta larga y angosta, de mucho abrigo y vivísimos colores, que llevaban sobre los hombros y luego cruzada sobre el pecho. Esta especie de schal oriental se llama la sayaguesa, porque proviene del pueblo de Sayago, en la limítrofe provincia de Zamora.

Las salmantinas tienen renombre de guapas y valientes. Lo primero puedo asegurarlo: en la Plaza de las Verduras había más de una refajona que nada habría perdido en aligerarse de tres o cuatro arrobas de lana. Por lo que toca a su valentía, ya Plutarco la calificó de heroica, al citar el denuedo con que libertaron a sus padres, hermanos y maridos, presos en poder de Aníbal, y yo debo añadir que hechos posteriores, y aun de este siglo, demuestran que las matronas del Tormes no han degenerado de su antigua pujanza. Pero no se deduzca de este párrafo que a mí me gustan las mujeres valientes: yo creo (o creía, cuando pensaba en estas cosas) que uno de los mayores encantos de las hembras es la pusilanimidad.

Y basta ya de verduleras.

Desde el Mercado nos dirigimos, dando un rodeo, hacia la Calle de la Rúa, cuyo anticuado aspecto habíamos oído celebrar mucho; pero, antes, al pasar por cierta solitaria plazuela, tuvimos que hacer otra parada para contemplar a dos notabilísimos personajes que, rodeados de gran número de bestias y de montones de costales llenos y vacíos, contaban dinero a la puerta de una vetusta casa, como si en ella acabasen de comprar o de vender trigo, cebada, maíz o cosa tal.

Eran dos charros, quiero decir, eran dos soberbios ejemplares de la más peregrina singularidad social e indumentaria de esta tierra. Eran dos hombres colosales, hermosos, con aire de muy ricos, vestidos suntuosísimamente, con chaqueta y calzón corto de terciopelo negro y chaleco de raso azul, todo ello muy adornado de gruesos y pomposos botones de plata, y con unas camisas tan bordadas, rizadas y llenas de primores, que cada pechera representaba el trabajo de seis años de una comunidad de monjas. Cualquiera de aquellos dos arrogantes y espléndidos rústicos habría sido llamado con razón El rey de los Tíos... Y, en efecto, por su corpulencia, por su lujo y por su inocente y cómica ufanía, había en ellos mucho del pavo real.

La Baronesa del Zurguen nos dijo que eran dos charros de primera, y que debían de proceder del campo de Ciudad-Rodrigo, tierra clásica de tales prójimos nuestros. En Salamanca los hay también. Casi todos los labradores de la Puerta de Zamora visten de charro, con más o menos ostentación, y en el Ayuntamiento de la aristocrática ciudad del Tormes hay siempre un concejal de tal clase, con su traje y todo. Los ya dichos clásicos del campo de Ciudad-Rodrigo se hablan de vos muy formalmente.

El mismo Losada nos invitó entonces a llegarnos a su casa, que no estaba lejos, y nos enseñó un traje completo de charra, cuidadosamente guardado en antiquísimo cofre, y causáronnos asombro el lujo y el gusto, verdaderamente regios, de aquellas vestiduras. Paños, terciopelos y rasos, recamados y bordados de oro con tanta gracia como profusión; encajes, tules, preciosas cintas, ricas joyas y otros accesorios de gran mérito y coste componían aquel raro uniforme femenino, que me recordó los trajes que las judías ricas sacaban a relucir los sábados en Tetuán.

Y, a propósito, ¿qué son los charros? ¿No se diferencian del resto de los españoles más que en la ropa? ¿Constituyen raza aparte? ¿Tienen alguna organización social íntima y secreta? Yo no lo sé, ni me he acordado de preguntarlo en Madrid a personas más leídas o instruidas que yo. Pero es cosa que debe de constar en muchos libros... Ya lo averiguaré con el tiempo; y, si no, me moriré con esta dulce ignorancia, que tanto campo deja a las suposiciones de mi fantasía.

En el ínterin, y no sin grande emoción, seguíamos marchando hacia la veneranda Universidad, que, como todos sabéis, es una de las mayores glorias de España.

Pero, antes de darle vista, aun nos detuvimos un poco en la Calle de la Rúa, digna por todo extremo de su renombre. Yo no recuerdo haber pasado en pueblo alguno por calle que tenga tanto carácter de autenticidad secular; donde tan íntegros e intactos se vean los antiguos usos y costumbres, donde tan viva y patente se toque la España de la Edad Media, no ya representada por mudos monumentos ni aislados edificios, sino por las tiendas y por los talleres que siguen abiertos al público; por las mercancías que en ellos se venden o se elaboran; por la disposición de sus escaparates, mostradores y armarios; por las industrias allí fehacientes; por todas las casas, sin excepción alguna, desde las de aspecto señorial hasta las más humildes y vulgares; por sus vidrieras, visillos, cortinas, esteras y zarzos; por los muebles en activo servicio que se columbran en algunas salas bajas; por el color, el empedrado y hasta los transeúntes de la misma calle; por todo, en fin, lo que es su estado presente, su movimiento actual, su existencia social de hoy...

Abundaban en aquella calle las tiendas de filigranas de plata y oro, trabajadas éstas del propio modo que en tiempos de la Reina Católica, y había también bastantes librerías... ¡Librerías en Salamanca! ¡Era de esperar! Estábamos en la patria del saber... Pero ¡ay! ya dista mucho el comercio de libros de Salamanca de lo que fue antiguamente... Yo he leído que, cuando el famoso don Antonio Agustín era estudiante (él mismo lo refiere), había en la ciudad 52 imprentas y 84 librerías.

En todo lo demás, nosotros cogíamos intacta y con el polvo de los siglos la decrépita Calle de la Rúa. Y no solo aquella calle, sino el resto de Salamanca; pues es de advertir que éramos sus primeros visitadores después de la inauguración del ferrocarril, a que asistieron Su Majestad el rey y su comitiva... Aún no se había profanado nada por insubstanciales curiosos; aún no se había alineado, revocado ni hermoseado cosa alguna, defiriendo a las críticas de los doctores madrileños de ornato público a la moderna; aún Salamanca era Salamanca... ¡Quiera Dios que continúe así todavía!

Pero basta ya de humoradas y de bromas. Descubrámonos y saludemos... Hemos llegado a la Universidad.

Más que un edificio, la Universidad de Salamanca es un barrio de la ciudad.

Altas y simétricas construcciones, de varia y magnífica arquitectura, forman tres lados de una extensa plaza cuadrilonga. Todos aquellos nobles alcázares dependen de la Universidad propiamente dicha, cuyo gran palacio, separado de los demás por el angosto paso de una calle, ocupa el cuarto lado y preside majestuosamente aquel Foro de las ciencias.

Pálido y débil, comparado con la realidad, será siempre cuanto se diga en elogio de la bellísima fachada del Capitolio de la sabiduría. Hállase labrada en el más primoroso y delicado estilo del Renacimiento, y parece una enorme filigrana calada en piedra por los plateros de la calle de la Rúa, parece un trabajo chino de marfil, parece la mística puerta de algún lugar santo. Benvenuto Cellini se hubiera enorgullecido de cincelar en oro una creación semejante. Los árabes que bordaron la Alhambra habrían declarado también que sus mejores templetes y camarines no excedían en finura, suntuosidad e idealismo a tal maravilla del arte cristiano.

Gloria de los Reyes Católicos es aquella página de piedra, y así lo pregonan los bustos de Fernando y de Isabel que ocupan un gran medallón sobre la puerta principal; así lo confirma el venerable escudo de sus armas, y así lo reza terminantemente una leyenda o rótulo, que dice en griego: «Los reyes a la Universidad, y la Universidad a los reyes».

En los amplios muros de los otros edificios que forman la plaza, esto es, en las paredes de las vastas y monumentales dependencias universitarias del Hospital de Santo Tomás para el socorro de estudiantes pobres, y de las Escuelas Menores o Instituto (cuya linda fachada es plateresca), vense, desde el suelo hasta muy grande altura, los infalibles, clásicos letreros encarnados y los tradicionales vítores en abreviatura que escribió el entusiasmo estudiantil, en siglos ya pasados, con motivo de tales o cuales reñidas oposiciones...

Al leerlos, parecíame estar en aquellos tiempos de ruidosísimas controversias escolásticas, cuyo estrépito llenaba toda la nación, preocupando y agitando lo mismo a los eclesiásticos que a los seglares, así a los plebeyos como a los nobles y a los mismos reyes; y aun recordaba que en mi niñez figuré en algún bando de seminaristas en pro o en contra de este o aquel opositor, y escribí también con almagre rótulos como aquéllos... ¡Ay! Pasó ya la boga y la importancia de tales lizas, como antes habían pasado las justas y los torneos, y como pasarán sin duda alguna, cuando les llegue su hora, estas empeñadas luchas electorales y parlamentarias que hoy apasionan tanto a los pueblos... Lo que nunca pasará ni cambiará es el fondo de las cosas humanas, que siempre resulta el mismo: ¡vanidad y discordia con diferentes nombres o pretextos!

En medio de aquella plaza, compás o patio, y dando frente a la Universidad, álzase desde la primavera de 1868 la Estatua de fray Luis de León, discípulo que fue y luego catedrático, de aquel emporio del saber. Por ninguna parte se veía alma viviente. No sé si a causa de la festividad del día, o de ser la una de la tarde, ni fuera ni dentro de la Universidad (según vimos después) había nadie que turbara el religioso silencio y melancólica soledad de tan venerandos sitios...

Nosotros nos sentamos al pie de la estatua, y nos pusimos a recapacitar en la historia y en la grandeza de cuanto teníamos ante la vista. Nuestra emoción era verdadera, profunda, unánime, y, por lo tanto, silenciosa... Únicamente oíamos, o creíamos oír, sobre nuestra cabeza, una gran voz, la voz de fray Luis; que repetía con dulce y formidable acento, como al salir de la prisión:

«Decíamos ayer...»

No intentaré en manera alguna contar la historia ni hacer la descripción de la Universidad salmantina. Semejante empeño requeriría un tomo en folio.

Diré solamente las cosas de más bulto, tal y como vayan presentándose a mi memoria.

Fundó la Universidad Alfonso XI, rey de León, padre de san Fernando. Durante mucho tiempo estuvo albergada (¡significativa hospitalidad!) en la Catedral Vieja; pero reinando Alfonso XI se emancipó de la dirección del obispo de Salamanca y se hizo pontificia. Es decir, que desde entonces el Papa fue el verdadero Rector, teniendo en ella por Delegado al Maestrescuela de la Catedral, a cuya dignidad iba anejo el cargo de Cancelario de la Universidad. Éste era quien confería los grados y ejercía el juzgado eclesiástico y civil-escolástico, con autoridad real y pontificia. El Rector no era más que el jefe administrativo y económico del Establecimiento.

Llegó a contar, por término medio, unos ocho mil estudiantes, y aun recuerdo haber leído que, en algunas matrículas, éstos ascendieron a doce mil.

En 1569 las Cátedras eran setenta: diez de Cánones, diez de Leyes, siete de Medicina, siete de Teología, once de Filosofía, una de Astrología, una de Música, una de lengua Caldea, una de Hebreo, cuatro de Griego y diecisiete de Retórica y Gramática.

Allí hubo estudiantes de todas las naciones, y muy principalmente ingleses e irlandeses católicos, después que abrazó la Reforma Enrique VIII. De esta última tierra no falta aún en Salamanca un contingente fijo de escolares, como veremos después al hablar del Colegio de Irlandeses.

En la Universidad de Salamanca explicaron maestros tan insignes como Nebrija, fray Luis de León, Melchor Cano, el Brocense, fray Domingo Soto, Covarrubias, etc., y aprendieron los santos siguientes: san Juan de Sahagún, santo Tomás de Villanueva, santo Toribio de Mogrovejo, san Juan de la Cruz, san Pedro Bautista, san Miguel de los santos y el Beato Juan de Rivera. Cursaron también en aquellas aulas los grandes fundadores Diego de Anaya y el cardenal Jiménez de Cisneros, los célebres historiadores don Diego Hurtado de Mendoza, Bartolomé de las Casas, Zurita, Nicolás Antonio y Ambrosio de Morales, el famoso conquistador Hernán Cortés, los sabios escritores Arias Montano, don Antonio Agustín Chumacero y Saavedra Fajardo, y los insignes literatos y poetas Cervantes, Villegas, Meléndez Valdés, Iglesias, Jovellanos, Cienfuegos, Quintana y don Juan Nicasio Gallego.

Confundida desde hace mucho tiempo la Universidad con la Catedral, los Doctores tienen asiento en el coro, y los Canónigos en los actos universitarios.

A fines del reinado de Felipe II, esto lo más cerrado del absolutismo, todavía se proveían las Cátedras a pluralidad de votos de los estudiantes de la respectiva asignatura, e igual procedimiento democrático se empleaba para la elección de Consiliarios.

En la Capilla pontificia de la Universidad no se pedía, ni se pide hoy, por el obispo, sino por el Papa y por los Doctores del Establecimiento.

Cada nuevo Papa dirigía a la Universidad salmantina una carta especial, participándole su elección; y cuando había en Castilla nuevo rey, la Universidad, en vez de enviarle Procuradores que le prestasen pleito homenaje, se reunía como en Cortes, por su propia cuenta, y le juraba fidelidad directamente.

En el claustro de las antiguas Escuelas Mayores vimos una leyenda en que se dice que, «congregados por Alfonso X (el Sabio) los varones más doctos de aquella Academia, se consiguió por último concluir las Leyes Patrias (Las Siete Partidas) y las Tablas Astronómicas».

La Universidad tenía muchos locales o sucursales en la ciudad, con el nombre de, Colegios incorporados. Entre ellos se contaban cuatro Mayores, cuatro Militares (de las órdenes de san Juan, Santiago, Calatrava y Alcántara), veintiún Menores y dos Seminarios.

Casi todos ellos ocupaban soberbios edificios monumentales con muchas dependencias. ¡Es decir, que toda Salamanca era Universidad, y lo es todavía, y lo será siempre en la mente de las generaciones, como Toledo es su catedral, y Granada su Alhambra, y cada ciudad aquello que le dio vida y grandeza y a cuya sombra amiga nacieron y prosperaron los demás elementos de su esplendor y poderío!

«Tesoro de donde proveía a sus reinos de gobierno y de justicia», llamó Carlos V a la Universidad de Salamanca; y eso que Carlos V fue más europeo que español.

Después de contemplar y conmemorar todas estas cosas, sentados al pie de la estatua de fray Luis de León, penetramos al fin en la Universidad, y recorrimos con profundo respeto aquellos antiguos claustros, donde se pasearon, en la alegre edad de su adolescencia, tantos y tantos hombres ilustres.

Admiramos los magníficos artesonados de aquellos techos. Visitamos la Capilla pontificia, y en ella adoramos los restos de fray Luis de León, encontrados hace doce años en las ruinas de su convento de San Agustín (de que ya solo queda el sitio en la ciudad del Tormes), y guardados hoy en decorosa urna de mármoles blanco y negro, que ocupa una hornacina de dicha capilla. Y del propio modo, o sea con igual veneración que ya habíamos visto la estatua y la tumba del gran maestro, vimos después su aula y su cátedra...

El aula tiene los mismos bancos de tosco pino en que se sentaron los discípulos de fray Luis. Dichos bancos se reducen a una viga sin alisar, para asiento, y otra por delante para apoyar el libro. Estas segundas vigas están muy labradas por los cortaplumas de los estudiantes, que han tallado en ellas, durante siglos, iniciales, fechas, cruces y caricaturas.

La cátedra es también de pino viejo; pero no nos pareció contemporánea del autor de la Profecía del Tajo, sino mucho más moderna. De cualquier modo, en aquel paraje fue donde exclamó: «Decíamos ayer...», al reanudar, después de largos años de cautiverio, sus lecciones de Teología y de Literatura Sagrada.

Mucho hablamos allí y muchísimo más nos quedó que hablar acerca del célebre agustino, de sus inspiradas poesías, de sus hermosos escritos en prosa, del error en que se estuvo mucho tiempo creyéndolo hijo de Granada, por haberlo confundido con el otro insigne fray Luis, y del excelente drama del segundo marqués de Gerona, titulado fray Luis de León...

Pero, ya se había concluido el besamanos; eran las dos, y decidimos ir a buscar, sin pérdida de tiempo, al amigo Frontaura, al festivo autor de El Caballero particular, al ingenioso director de El Cascabel, al muy bien conceptuado Gobernador de Salamanca, que nada sabría (tal ilusión nos halagaba por lo menos) de nuestra estancia en la capital de sus dominios.

IX. Las Dos Catedrales. El Convento de Santo Domingo. El Tormes. La Arcadia Salmantina. Una visita a la antigua Española

¡Maldición! (como diría un poeta romántico).

¡Frontaura lo sabía todo, y sus polizontes nos buscaban por Salamanca hacía ya dos horas!

Grande fue el regocijo del famoso escritor al encontrarse con gente madrileña. En seguida resigné el mando, por decirlo así, y se agregó a nuestra correría artístico-poética, cuya dirección en jefe llevaba Losada.

Estuvimos, pues, juntos toda la tarde, y juntos anduvimos más de dos leguas por templos, calles y plazas... y hasta por el campo, a pesar del mucho frío que había vuelto. (Y, a propósito de frío, diré que los vientos dominantes en Salamanca son el Norte y el Poniente, y la enfermedad más común la tisis.)

Primero fuimos a la Catedral Nueva, que nos pareció muy hermosa, aunque no comparable (perdonen los salmantinos) con la de Toledo, con la de Sevilla, ni con la de Burgos. Es del período flamboyant del gótico, y lo que le falta en severidad y unción mística lo tiene en lujo de primorosos adornos... Todos convienen en que, no obstante sus líneas ojivales, pertenece al Renacimiento por la ornamentación.

Centenares de estatuas adornan sus fachadas: las agujas pasan de doscientas. El conjunto resulta grandioso.

La fachada de Poniente es la más bella, y la Puerta de Ramos notabilísima. Su medio relieve central, tan reproducido por el grabado y la fotografía, y que representa la Entrada de Jesús en Jerusalén, merece el nombre de prodigio artístico. Por lo demás, todas las fachadas de este bien situado templo presentan ventajosas perspectivas, que hacen crecer su hermosura y su importancia. La cúpula es atrevidísima, cuanto resulta fea y abrumadora la descompasada torre.

La Catedral Nueva, comenzada en 1513, no se terminó hasta 1733, y eso que corría mucha prisa acabarla, visto que no cabían decorosamente en la Catedral Vieja, los 65 prebendados, 25 capellanes, 24 niños de coro y 12 acólitos que asistían a los oficios cotidianos.

Dibujé la obra y construyó la parte principal de ella el célebre Juan Gil de Ontañón.

Por dentro, la Catedral es esbelta y elegante, aunque el coro estorba mucho para enfilar sus naves con la vista. En cuanto a las pinturas, sepulcros, verjas y otros preciosos pormenores que la adornan, su enumeración sería interminable. Solo llamaré la atención hacia los cuadros del pintor salmantino Fernando Gallegos, que es la especialidad pictórica de esta ciudad, y recomendaré muy especialmente que se visite, en la capilla del Carmen, no por su mérito artístico, sino por devoción histórica, el Sepulcro del obispo Visquio (de quien hablaré muy luego), y que se procure ver El Cristo de las batallas, que este Prelado llevaba en la guerra, y El Cristo chico del Cid, venerandos objetos que no se contemplan sin grande emoción.

Pero ¿qué es la Catedral Nueva comparada con la Catedral Vieja?

Entre las notas y apuntaciones que llevábamos de Madrid, había una de cierto distinguido académico de Bellas Artes, que decía así: «Recomiendo a ustedes en Salamanca la Catedral Vieja (bizantina de veras, y no de pega), con su soberbio retablo cinquecento, de un cierto Nicolás Florentino, de quien no tuvo noticias Ceán Bermúdez; con sus magníficos sepulcros del mismo siglo, de escultura pintada, y con preciosas tablas de Fernando Gallegos en el claustro».

Razón tenía el académico. No bien fijamos los ojos en la Catedral Vieja, los cuatro expedicionarios convinimos en que ella, la portada de la Universidad y la Casa de las Conchas eran lo mejor que hasta entonces habíamos visto en Salamanca, y que cualquiera de estos monumentos valía todas las molestias del viaje. Por lo demás, en parte alguna habíamos encontrado un ejemplar tan puro y tan bien conservado de arquitectura bizantina como el exterior de aquella vetusta Catedral...

Pero procedamos con orden y digamos primero algo de su grande historia.

En 1098, el conde francés don Ramón de Borgoña, casado con nuestra reina doña Urraca, y el obispo, también francés, don Jerónimo Visquio, procedente del Monasterio de Cluny (muy amigo del Cid, por más señas, y de su confesor el arzobispo don Bernardo), trajeron artistas de Italia y Francia y emprendieron la construcción de este templo, cimiento y base de la grandeza monumental de Salamanca.

(¡Bien hubieran podido los franceses de 1808 haberse acordado de esto, y no destruir, como destruyeron, en la ciudad del Tormes multitud de obras de arte!)

Según las noticias que he podido reunir, entre dichos artistas figuraban el navarro Alvar García, el francés Casandro Romano y el italiano Florín de Pontuerga; mas no se sabe a punto fijo quiénes continuaron la obra, aunque se conjetura que serían también extranjeros de la escuela: de Cluny, pues el arte no llegó por entonces en España al grado de madurez que denota la Catedral Vieja.

La construcción duró un siglo. Hoy solo queda parte de ella... El resto se destruyó para edificar la Catedral Nueva; pero dicha parte hace formar completo juicio de todo lo que allí hubo.

El exterior tiene algo de fortaleza; y, en efecto, a esta Catedral se dio el nombre de la Fuerte. Las bóvedas, cubiertas por fuera de escamas; los muros, coronados de almenas, y los cubos de sus ángulos, revestidos con capacetes escamados también, hicieron decir que parecía un guerrero armado de todas armas. Su agudo cimborio es el yelmo, y el gallo de la veleta le sirve de cimera y de penacho.

En el interior de tan ruda fábrica hállanse todas las delicadezas del sentimiento. (Lo mismo acontecía con los férreos paladines de aquella edad.) Allí hay sepulcros finísimos góticos, llenos de exquisitas labores; allí místicas pinturas del Renacimiento, o sea de cuando el Renacimiento no era todavía pagano; allí santos sobre los capiteles; allí preciosos trípticos; allí un claustro digno de la ciudad de Pisa. Allí se ve también el retablo de Nicolás Florentino que nos recomendó el académico, con treinta y tantos cuadros de la Vida de Jesús (y su fecha de 1442). Y allí, por último, sobre el dicho retablo, en el cascarón de la bóveda, hay un Juicio final, verdaderamente dantesco, que parece concebido por Giotto. ¡Aquel grupo de resucitados blancos que sube hacia la diestra del Dios Padre, y aquel otro grupo de resucitados negros que marcha lúgubremente por la siniestra, son interesantes y bellos hasta lo sumo para los que en el arte buscamos algo más que forma o postura académica y realidad anatómica!

De lo dicho se infiere que la Catedral Vieja (tan genuinamente bizantina por fuera, como se nos había dicho) tiene por dentro muchos perfiles góticos: y ahora añado que esto no ocurre solo en sus accesorios postizos, sino también en la estructura misma de miembros principalísimos de su fábrica. Por todas partes apunta allí lo ojival y hasta lo latino del Renacimiento. Vense además pilastras cuadradas, románicas y no bizantinas, mezcladas con columnas, formando grupos híbridos sobre basas redondas y sosteniendo indistintamente arcos u ojivas, lo cual me pareció muy expresivo y simbólico, dado que trajo a mi imaginación aquellos siglos de la Iglesia en que el Oriente y el Occidente estaban del propio modo confundidos en el sentimiento cristiano.

Entre los notabilísimos sepulcros que guarda todavía la parte subsistente de la Catedral, no figuran ni el de don Ramón de Borgoña ni el del obispo Visquio. El de éste se trasladó a la Catedral Nueva, según ya dije, con otras muchas curiosidades o maravillas de la Vieja. (Afortunadamente, una Catedral linda con la otra y se hallan en comunicación.) El sepulcro del esposo de doña Urraca no estuvo nunca en Salamanca, sino meramente un cenotafio. Sus cenizas descansan en la Catedral de Santiago de Galicia.

En cambio, otros muchos muertos ilustres duermen el sueño eterno en el antiquísimo templo salmantino, donde se ven tendidas sobre magníficas tumbas sus calladas estatuas, ora dentro de hornacinas labradas en el espesor de los muros, ora en medio de suntuosas capillas. Y ¡cosa rara! entre las más humildes lápidas hallamos la de una Princesa Mandalfa o Mafalda, hija de Alonso VIII, más célebre como muerta que como viva, o sea más famosa como estatua que como mujer, a lo menos para mí, que ni si quiera recordaba haber leído antes su dudoso nombre... Hoy empero, he vuelto a registrar la Historia, y sé ya, y no olvidaré nunca, lo mismo que dice el epitafio; esto es: que la tal Princesa murió «por casar», o, hablando menos equívocamente, soltera.

Mucho más que este sepulcro me interesó otro que vimos en la Capilla de los Anayas o de san Bartolomé. Duermen juntos sobre él un caballero y su esposa. Él viste de guerrero, con cierto elegantísimo tocado morisco, la armadura ricamente labrada, el casco a los pies y la espada en la mano. Ella está amortajada de beata, con muy rizada toca en la cabeza, y calzada con unos raros zapatos altos, de aristocrática hechura. El rostro del caballero es noble y adusto, y el de ella plácido y hermoso como el amor en paz. Llaman también la atención por su delicadeza las manos de la dama, y, por sus exquisitas labores, la lujosa almohada en que reposa la cabeza del marido. La almohada de ella es más severa y humilde, cual correspondía a su piadosa mortaja.

Carece de epitafio este sepulcro; pero los empeñados en saberlo todo conjeturan que aquellos personajes deben ser de un don Gabriel de Anaya, que murió en América, y su mujer doña Ana, que finó sus días en un convento.

Yo no digo que sí ni que no. Lo único que puedo asegurar es que no sé por qué... (sin duda porque mi ánimo se hallase dispuesto aquella mañana a la melancolía) estuve largo tiempo contemplando aquel matrimonio yacente, aquellos cónyuges de piedra, aquellos muertos inmortales, y sentí en mi corazón congojas de lástima, tumultos de miedo y palpitaciones de envidia, todo ello junto y confundido, no obstante lo contradictorio de tales emociones. ¡Hay que ver aquel tálamo! ¡Hay que verlo, y hay que pensar, con los ojos fijos en aquellas mudas y al parecer insensibles estatuas, en que es imposible que ninguna de ellas haya pasado siglos y siglos sin darse cuenta, de que la otra duerme a su lado! ¡En alguna parte estarán las almas de los que fueron consortes, y desde dondequiera que estén, irán a dar vida y conciencia a aquellos mármoles para que se complazcan en su perdurable unión! ¡Pues qué! ¿Ha de ser más constante una ficción de piedra que la fe conyugal que simboliza? ¿Ha de ignorar el espíritu lo que está repitiendo a todas horas la materia? ¿Ha de poder una escultura más que un alma? ¿Ha de superar el Arte a la Naturaleza? ¿Ha de vivir la mentira más que la realidad? ¡Oh desventura! ¡Seguir juntos después de haberse amado tanto, seguir juntos, y no saberlo!... ¡No puede ser! ¡So puede ser!

La Catedral Vieja es la abuela de Salamanca, como la Universidad es su madre. Digo más: la Catedral Vieja es la venerable ejecutoria, el arca santa de tantísimos timbres y blasones... Su antiguo Claustro, que infunde profundísima reverencia, fue cuna de los estudios salmantinos. Allí se ve la célebre Capilla de santa Bárbara, donde, hasta hace cosa de cuarenta o cincuenta años, se conferían los Grados Mayores. Allí está la Capilla del Doctor Talavera, donde se conserva como en Toledo, el Rito mozárabe, y se guarda la pila en que fue bautizado Alfonso XI. Allí está la Capilla del Canto, donde se celebraron Concilios, y la histórica Sala en que se reunieron Cortes, y el aposento en que quince obispos juzgaron y absolvieron a los poderosos

Templarios... ¡Paréceme que no puede ser más gloriosa la historia de la insigne Abuela!

En aquel mismo Claustro hay centenares de sepulcros de Canónigos, ora empotrados en las paredes, ora embutidos en el suelo, ora formando las jambas de las puertas, ora colgados cerca de las altas bóvedas. ¡Son los Cabildos que han precedido al actual desde el siglo XII inclusive! Es decir, son dos mil Canónigos muertos, cuyo volumen ha ido achicando el tiempo gradualmente, para que nunca falte allí acomodo a un cadáver más... de un Canónigo menos.

También hay en el Claustro pinturas muy notables en tabla, debidas las mejores de ellas a Fernando Gallegos. En las cuatro mencionadas Capillas vense asimismo excelentes cuadros y magníficos sepulcros. El más suntuoso entre éstos es el que, en la Capilla de santa Bárbara, ocupa el célebre obispo don JUAN LUCERO, aquel que tanto sonó en las disensiones matrimoniales de don Pedro el Cruel, por haber autorizado el repudio de doña Blanca de Borbón y casado al Monarca con doña Juana de Castro. El sepulcro se alza en medio de la capilla, es de mármol blanco, y sirve de lecho a una buena estatua del obispo, revestido de pontifical. Compite en grandeza con este monumento fúnebre el sepulcro de don DIEGO DE ANAYA, arzobispo que fue de Sevilla y fundador de la capilla o pequeña iglesia de los Anayas, que ya hemos mencionado, y del gran Colegio de san Bartolomé. Su Excelencia duerme en una cama imperial de mármol blanco, sostenida en los lomos de ocho leones, y adornada de primorosas esculturas. La verja de hierro que hay alrededor del mausoleo vale cuanto pudiera pesar y valer siendo de plata.

Pero no acabaría nunca si hubiese de describir minuciosamente todo lo que acude a mi memoria. Doy, pues, aquí punto, recomendando vivamente a cuantos vayan a Salamanca aquel Panteón, aquel Museo, aquel Libro de Historia que se llama la Catedral Vieja.

Fuera ya de ambas Catedrales, las contemplamos todavía largo tiempo y a cierta distancia, admirando el grandioso golpe de vista que ofrecen juntas y como en anfiteatro sobre la colina en que se asientan. Parece aquello una montaña arquitectónica, como las labradas por los indios del Himalaya. Al propio tiempo veíamos en otros lados y en vasto panorama el enorme Colegio de san Bartolomé (hoy Gobierno civil), con su gigantesco pórtico grecorromano; la suntuosa Iglesia de Santo Domingo, dominando gallardamente otra colina y reflejando la luz del Sol en su cúpula cuadrada y roja; la cúpula y las torres de los Jesuitas; la gran mole de la Universidad, y otros colosales edificios de piedra. ¡Era un cuadro verdaderamente cesáreo, de olímpica grandiosidad!... Era una nueva justificación del dictado de Roma la Chica que lleva Salamanca.

Porque debo advertir que aquella augusta decoración, en su magnífico y vistoso conjunto, no tenía carácter gótico, castellano ni leonés, bien que algunos de sus componentes fueran del estilo Ojival. ¡Salamanca es la única ciudad del Norte y del Oeste de España que ostenta dignamente el esplendor imperial austriaco, de que tan soberana muestra quedó en el Alcázar de Toledo! Y esto sin perjuicio de tener otros aspectos diferentes, como ya hemos notado al examinar sus calles de la Edad Media y sus templos y palacios góticos o platerescos... ¡Salamanca es multiforme!

Ejemplo de esta variedad de sus formas: Por darnos gusto a los que deseábamos contemplar, no solo monumentos artísticos, sino también cuadros poéticos, la expedición se trasladó desde aquel paraje de tan majestuosa perspectiva, a otro lado de los barrios muertos de la ciudad, bastándonos para ello andar muy pocos pasos. Nos encontramos, pues, de pronto en unas plazuelas y calles completamente solas (calle del Silencio se llamaba una de ellas), donde no vivía nadie ni parecía haber corrido el tiempo desde el siglo XV.

Aquélla era, en verdad, la Salamanca fantástica que recorrió el don Félix de Montemar, de Espronceda, cuando iba en pos del blanco espectro de Doña Elvira...

   Cruzan tristes calles,
   Plazas solitarias,
   Arruinados muros...,
   Etc., etc.

Aquellos eran los campanarios que lo seguían, agitando sus esquilones,

Como mulas de alquiler
Andando con Campanillas...

Y allí estaba el Cristo cuya mortecina luz reflejó en el ensangrentado acero del Estudiante...

Mientras yo pensaba todo esto, nuestros bondadosos guías nos enseñaban la casa, hoy muda donde falleció en 1842 el célebre compositor Doyagüe, último catedrático de Música de Salamanca, cuyos restos fueron trasladados a Madrid y paseados por las calles, de orden del inolvidable Ruiz Zorrilla, con destino al Panteón Nacional...

Y a propósito: aquellos y otros huesos de hombres insignes están todavía, a la hora presente, arrinconados e insepultos en San Francisco el Grande, sin que nadie piense ya en construir tal Panteón... ¿No habrá un alma caritativa que haga la obra de misericordia de enterrar a los muertos, o sea de volver a enviar las cenizas de dichos varones ilustres a las sepulturas en que esperaban tranquilamente la trompeta del Juicio Final cuando fue a despertarlos el himno de Riego?

Del barrio sin gente en que vivió Doyagüe saltamos al Convento de Santo Domingo, o sea a San Esteban (que ambos nombres tiene aquel monumento), y digo «saltamos», porque Santo Domingo se alza en otra colina, frente por frente de la que acabábamos de recorrer.

Nada más vistoso que la perspectiva de aquella gran casa de los opulentos Dominicos. Su fachada, recargadísima de adornos, marca la transición del gótico al plateresco, y luce todas las galas y fantasías de este singular estilo, medio gentil y medio cristiano.

Muchísimo que admirar nos ofrecieron también el interior del templo, su sacristía, y, sobre todo, el claustro, obra magistral del mismo período del Renacimiento, restaurada modernamente; pero no fatigaré aquí a mis lectores con nuevas descripciones arquitectónicas, pues basta por hoy a mi objeto recomendarles que no dejen de estudiar muy despacio a Santo Domingo el día que visiten a Salamanca. Conque vamos a otra cosa.

En este convento estuvo preso tres días san Ignacio de Loyola, y luego veintidós en la cárcel, todo ello siendo estudiante y seglar, hasta que se examinaron y absolvieron por varones doctos algunas doctrinas, que al principio parecían heréticas, del que había de acabar siendo fundador de la Compañía de Jesús y santo canonizado por la Iglesia...

Cupo, en cambio, a este mismo convento (según la tradición y según muchos libros, que algunos crueles eruditos comienzan ya a desmentir...) la alta gloria de albergar a Cristóbal Colón el invierno de 1486 a 1487, con motivo de hallarse también en Salamanca los Reyes Católicos. Sala de Colón se llama todavía (¡y con qué profundo respeto la visitamos nosotros!) aquella en que se dice fue escuchado el ilustre genovés por los Padres Dominicos y por varios Doctores de la Universidad, los cuales (especialmente los primeros) se entusiasmaron mucho oyéndole, y lo alentaron con su protección más decidida, que le valió al cabo la del Maestro fray Diego de Deza, «al cual y al Convento de San Esteban o de Santo Domingo de Salamanca (son palabras del mismo Colón transmitidas por fray Bartolomé de las Casas) debieron los Reyes Católicos las Indias». Por eso (concluyen diciendo la tradición y los libros en que yo todavía creo) el gran navegante puso el nombre de Santo Domingo a la segunda isla que descubrió, como homenaje de gratitud al varón sabio y a la insigne Orden que más protegieron su empresa. Tiempo es ya, por tanto (agrego yo), de que los poetas liberales reparemos bien en lo que decimos cuando se nos ocurra hablar de los frailes y Doctores de Salamanca con referencia al sublime proyecto de Cristóbal Colón...

¡La fantasía no debe llegar hasta el falso testimonio!

Por último, el Convento de San Esteban o de Santo Domingo encierra, entre otros grandes recuerdos, la sepultura del eminente Padre Soto, que tanto lució en el Concilio de Trento.

Y este fue el tema constante de nuestra conversación, en tanto que visitábamos el Museo Provincial, establecido hoy allí por la muy celosa y entendida Comisión de Monumentos salmantina, digna de disponer de más fondos...

Desde Santo Domingo bajamos hacia el río Tormes, pasando Por un barrio en ruinas, en el cual hubo, hasta los tiempos de Enrique IV, un antiquísimo Alcázar Regio, que los monárquicos salmantinos de entonces juzgaron oportuno destruir, con anuencia del mismo rey, para que no lo ocupasen los rebelados nobles. En aquella parte de la ciudad estuvo también la Judería.

Salimos al fin de la población por la puerta llamada de Aníbal, bajando una pendientísima cuesta hasta llegar al famoso Puente Romano. ¡Cartago! ¡Roma!... ¡Todas las grandezas históricas van unidas a la de Salamanca! El Tormes sabe tanto de mundo como el Tíber.

El nobilísimo río español llevaba aquella tarde bastante agua, y sus orillas, cubiertas de acacias y de otros árboles, no carecían de encanto ni de belleza... De entre lo más espeso de aquella pintoresca fronda salía mansamente el arroyo Zurguén, que baja de las históricas alturas de Arapiles y penetra en el Tormes, después de haber regado el precioso valle cantado por Iglesias y por Meléndez Valdés.

El Valle de Zurguén y las Praderas de Olea, lindantes también con Salamanca por el otro lado del río, son la Arcadia de la poesía pastoril española...

Venid, venid, zagalejos,
Que al Zurguén sale Amarilis...,

decía Iglesias. Y casi en los mismos años denominaba Meléndez a su amada:

La gloria del Tormes,
La flor del Zurguén.

En cuanto al Puente, construido, dicen, por Domiciano, restaurado por Trajano y recompuesto más tarde por nuestro Felipe IV de Austria, mide 176 metros de longitud y cerca de cuatro de anchura. Por él pasaba la calzada romana de la Plata, que iba de Mérida a Zaragoza.

Al otro lado del Puente hay, o hubo, un barrio, frustrado varias veces por las inundaciones, en el cual no quedan ni señales del Hospital de Leprosos, de la Mancebía pública ni del Cementerio de Judíos, que existieron allí algún tiempo. ¡Malhadado arrabal a fe mía! ¡Sirvió de albergue a deicidas, rameras y leprosos, o sea a tres lepras diferentes, y luego se lo llevó todo el agua»... ¡Verdaderamente, el cataclismo fue muy justo!

Desde el Tormes subimos a visitar al ya citado señor chantre don Camilo Álvarez de Castro, cuya casa y huerto se divisaban a una grande altura sobre nuestra cabeza, pues se apoyan en la antigua muralla de Salamanca y tienen vistas al río.

Nunca olvidaremos aquella visita. El señor chantre es una de las personas más buenas, más afables y más instruidas que hemos tratado nunca, y nos obsequió y agasajó como hombre bien nacido de los buenos tiempos de la hidalguía española, quedando por nosotros, y no por él, si de visitantes no nos convertimos en comensales, y hasta en huéspedes de su pacífica morada.

Amantísimo de la soledad y del estudio, el insigne Prebendado no sale más que para ir a la próxima Catedral, y esto por calles silenciosas en que nunca se ve criatura humana. Vive, pues, en el mundo como en una Cartuja, y en más relaciones con el cielo que con la tierra.

A ruegos de Losada, nos enseñó todas las curiosidades artísticas que embellecen su mansión, así como el preciosísimo oratorio en que dice Misa los días que sus achaques o la inclemencia del tiempo le impiden salir.

¡Qué silencio, qué paz, qué beatitud en aquella morada! Y ¡qué deliciosas vistas las de las habitaciones que ocupa el Dignidad! Sus balcones y miradores dan a las alamedas del Tormes y del Zurguén y a un hermoso panorama que se extiende hasta las sierras de Gredos, cuyos picos cierran el horizonte al Sur...

Era ya la caída de la tarde. Las higueras del jardín alto penetraban en el mismo aposento en que contemplábamos la puesta del Sol. Todo el plácido sosiego que respiran las mejores poesías de Meléndez se respiraba en aquel lugar y en aquella hora, siempre augusta. Las rotas nubes y los cristales del río tomaban maravillosas tintas al reflejar los rayos horizontales del moribundo astro rey. Las sombras larguísimas de los árboles parecían prolongadas despedidas y supremos adioses que le daba la creación a aquel día para nosotros inolvidable...

Todos callábamos: los madrileños, porque una indefinible envidia de aquella tranquila existencia nos hacía contemplar con odio la vida febril de la corte a que estábamos condenados...; y los salmantinos, porque adivinaban lo que sentíamos y temían acaso ofendernos dándose por entendidos de nuestra emoción o elogiando aquella solemne paz de la Naturaleza, que no volveríamos a gozar en mucho tiempo... ¡No; no volveríamos a gozarla, puesto que a la tarde siguiente, a aquella misma hora, estaríamos otra vez camino de Madrid, y puesto que Madrid es una máquina neumática para los mejores sentimientos del corazón humano!...

La noche de tal día fue y nos pareció todo lo moderna y amadrileñada que podía serlo a las orillas del Tormes.

Comimos en Hôtel, a la francesa; fuimos al Casino a tomar café; jugamos un par de horas al billar y al tresillo; hablamos de política y de otras cosas contemporáneas con don Álvaro Gil Sanz, ex subsecretario del Ministerio de la Gobernación, y con don Santiago Diego Madrazo, ex ministro de Fomento, que habían estado en la fonda a visitarnos; y a eso de las once (¡cerca de la media noche!) nos retirábamos a casita, donde hicimos el programa del día siguiente, tomamos té, leímos La Correspondencia del día anterior, y nos acostamos en sendos catrecillos, como cuando teníamos veinte años de edad y vivíamos en plena estudiantina.

¡No se podían pedir más placeres de última moda a una ciudad tan grave y señoril como Salamanca!

X. Barrios arruinados. El Colegio del arzobispo. Los estudiantes irlandeses. El Palacio de Monterrey. La casa de las muertes. El Convento de las Agustinas. Un cuadro de Rivera
Serían las siete de la siguiente mañana cuando atravesábamos la Plaza Mayor. También el Sol acababa de penetrar en ella (el mismo Sol que habíamos creído ver morir la tarde antes), y sus alegres rayos doraban gozosamente las copas de los árboles municipales.

Todas las criadas de Salamanca iban a la compra o volvían de ella... Un organillo ambulante tocaba la romanza de la tisis de la Traviata... Los gorriones cruzaban regocijados por un cielo limpio de nubes... Las campanas tocaban pacíficamente a misa...

En cuanto a nosotros, puedo decir que, para estar muy contentos en aquel instante, solamente nos estorbaban veinte o treinta de los años ya vividos... ¡Cualquiera de los cuatro hubiera querido ser gorrión, el muchacho que tocaba el organillo, una de aquellas presumidas fámulas, o aquel rubicundo Sol que; como un eterno Fausto, torna a ser joven todas las mañanas!

Pero ¿qué responder al señor chantre, si por acaso lee estos renglones? ¡Perdóneme el reverdecimiento extemporáneo que denotan las anteriores frases, y crea que a mí también se me alcanza, aunque no lo practique, que lo mejor de todo es envejecer y morir tan santamente como envejece y morirá su señoría!

Conque dejémonos de frivolidades, y refiramos lisa y llanamente nuestra expedición de aquella mañana.

Nos dirigíamos a ver una de las primeras maravillas arquitectónicas de Salamanca, o sea el famoso Colegio del arzobispo, hoy todavía habitado por estudiantes irlandeses.

Para ir a él, pasamos por un barrio feísimo, triste y solitario, compuesto de irregulares casuchas, hechas con escombros de insignes ruinas... ¡Oh profanación!... Piedras de diferentes arcos, nobles columnas tomadas de acá y de allá, maderas sueltas de antiguos artesonados, y otros restos de soberbias construcciones, habían servido para zurcir aquellos pobres edificios. Barrio de las Peñuelas de San Blas, nos dijo un muchacho que se llamaba el tal paraje.

Y luego supimos por los arqueólogos de Salamanca (pues en aquella excursión íbamos solos los cuatro huéspedes del Hôtel del Comercio) que aquel barrio y el contiguo de San Francisco, así como todo el lado de Poniente de la población, fueron asolados por los cánones franceses (y también por los ingleses) durante la guerra de la Independencia. Había allí magníficos conventos, suntuosas iglesias, monumentales colegios y grandiosos palacios: entre los colegios figuraban los de Cuenca y de Oviedo, de cuya hermosura hablan muchísimos libros: ¡y todo fue destruido por nuestros enemigos y por nuestros aliados!

En el susodicho barrio de las Peñuelas hay una antigua calle cuyo azulejo dice «Calle de los Moros o de Cervantes», por creerse (no unánimemente) que el autor de Don Quijote y un Miguel Cervantes que de los registros universitarios aparece matriculado en Filosofía y viviendo en la calle de los Moros a mediados del siglo XVI, son una misma persona... De un modo o de otro, el autor de La Tía Fingida debió de residir alguna vez en Salamanca; pues la descripción que en aquella novela hace de la población flotante de la ciudad del Tormes y de sus usos y costumbres, es demasiado gráfica y pintoresca para no estar tomada d'après nature. «Advierte, hija mía (dice doña Claudia a doña Esperanza), que estás en Salamanca, que es llamada en todo el mundo madre de las ciencias, y que de ordinario cursan en ella y habitan diez o doce mil estudiantes, gente moza, antojadiza, arrojada, libre, alicionada, gastadora, discreta, diabólica y de humor...» Y enseguida pasa a definirle prolijamente las cualidades de los vizcaínos, manchegos, aragoneses, valencianos, catalanes, castellanos nuevos, extremeños, andaluces, gallegos, asturianos y portugueses que viven en la ciudad...

Pero henos ya en lo alto del barrio de las Peñuelas y cerca de la meseta donde se alza el grandioso Colegio del arzobispo... Dejemos la pluma y cojamos el pincel.

Figuraos, al remate de empinada cuesta, dos amplias y hermosas escalinatas, por las que se sube a un extenso atrio o compás, guarnecido de grandes columnas sin capitel, que nada sostienen y que parecen otros tantos heraldos encargados de anunciar la grandeza del edificio que custodian. En el fondo de aquel atrio está el célebre colegio.

Bella sobre toda ponderación es su lujosa fachada. Compónese de dos cuerpos de estilo plateresco, y luce maravillosos trabajos de escultura, así en los capiteles de sus elegantes pilastras como en los camafeos que adornan los netos, en las estatuas amparadas de sus graciosas hornacinas, y en los soberbios escudos de armas que pregonan el apellido del fundador de tan insigne monumento.

Fue este fundador (a principios del siglo XVI) el esclarecido hijo de Salamanca don Alfonso de Fonseca, arzobispo de Toledo, de quien ya hemos hablado más atrás, y lo dedicó a Santiago, patrón de España. Por cierto que es notabilísimo el medio relieve que representa en dicha portada al guerrero Apóstol matando moros en Clavijo...

Pero el asombro, el portento, la maravilla para los amantes del arte, hállase dentro del colegio. Refiérome a su inmenso Patio, de arquitectura plateresca a la italiana, atribuido por muchos a Alonso Berruguete, y digno de él y hasta superior a sus más renombradas obras.

Así la galería baja como la alta están formadas por pilastras elegantísimas: los arcos inferiores son de medio punto, y los superiores de los llamados escarzanos. Abajo hay adosada a cada pilastra una esbelta y linda columna plateresca, con admirables tallas en el capitel. Las columnas adosadas a las pilastras de arriba tienen la forma de balaustres o candelabros... ¡Nada más elegante que la forma de unos y otros fustes!

Y todavía no he mencionado las verdaderas preciosidades de este Patio, o sea los ciento veintiocho medallones, con bustos de alto relieve, que adornan las enjutas de los arcos en ambos cuerpos. Aquellos bustos pueden calificarse de otras tantas obras maestras de escultura. Hay allí caras de reinas, de monjas, de doctores, de ascetas, de guerreros, de prelados, etc., todas ellas dibujadas con tal energía, gracia de estilo y nobleza de expresión, que Alberto Durero se honraría con llamarlas suyas. Uno de nosotros observó (y era muy cierto) que todos aquellos semblantes estaban afligidos, cual si representasen la triste variedad de las desventuras humanas. ¡Qué viveza, qué calor dramático, qué primor artístico en tan multiforme expresión del infortunio y de la pena!

Dicen unos que estas ciento veintiocho joyas, diseminadas como estrellas en aquellos pórticos, son obra de Berruguete; otros, que de Pier o Pierino del Bago... Ello es que no se conoce a punto fijo el autor, cosa muy frecuente cuando se trata de monumentos españoles.

En resumen: el Patio del Colegio del arzobispo, por su esbeltez general, por lo fino y sobrio de su ornamentación, y por lo correcto y puro de sus menores detalles, es un verdadero prodigio de arquitectura y escultura, y merecería el metafórico dictado de «obra ática del estilo plateresco», si pudiese hablarse de este modo.

Añádase ahora la soledad de aquel espacioso recinto, cada uno de cuyos cuatro lados mide 41 metros; la muda cisterna de ancho brocal que hay en medio de él; unas desaliñadas matas de flores otoñales (boleras se llaman en Granada) que crecían en descuidados arriates; algunos escolares irlandeses con manto y beca, que de vez en cuando pasaban por la galería alta, con los ojos clavados en sus libros de estudio, y los píos de pájaros que interrumpían dulcemente el silencio de tan venerable edificio, y se comprenderá la inmensa poesía que allí se respiraba, y de que es pálido reflejo la emoción con que escribo estas líneas.

Tócame ahora decir algo de los estudiantes irlandeses, con tanto más motivo, cuanto que, estando todavía nosotros en aquel magnífico patio, bajaron de dos en dos la amplia escalera del edificio, seguidos de un sacerdote; pasaron a nuestro lado, mirándonos con disimulo y poniéndose más encarnados que la grana, y se dirigieron a la contigua iglesia. Eran catorce, todos rubios como unas candelas, y corpulentos y sanos a fuer de legítimos hijos de la verde Erin. Su edad variaría entre dieciséis y veinticuatro años.

Aquellos escolares simbolizaron a mis ojos un tributo de respeto y de agradecimiento que la católica Irlanda sigue pagando a la nación católica por excelencia. Fundó el Colegio de jóvenes irlandeses (albergándolos entonces en otro edificio) el rey don Felipe II, cuando la intolerancia protestante en las Islas Británicas era tan feroz como la intolerancia católica en nuestra tierra, y tuvo por objeto facilitar la enseñanza de la Sagrada Teología a los hijos de los emigrados irlandeses que se refugiaban en la Península, perseguidos de muerte a causa de sus creencias religiosas. Pero hoy, que en el Reino Unido de la Gran Bretaña hay libertad de cultos y muchos Seminarios católicos, es una especie de tradición piadosa esta no interrumpida costumbre de algunas casas irlandesas de enviar a Salamanca a sus hijos para que cursen las ciencias eclesiásticas.

Con tal motivo recordamos allí nosotros las muchas familias españolas que tienen apellido irlandés, como descendientes de emigrados de aquella isla establecidos en nuestro suelo, y algunos de cuyos individuos figuran noblemente en la historia de España. Salieron, pues, a relucir los O' Donnell, los O' Reilly, los O' Ryan, los O' Connor, los O' Doly, los O' Shea, los O' Farril, los O' Kelly, los O' Neil, los O' Callagan, los O' Mulryan y todos aquellos cuyo apellido principia con O y apóstrofo, así como otros que tienen diferentes iniciales.

Por lo demás, yo acribillé a preguntas al portero del Colegio del arzobispo, el cual se sirvió contarme muchas cosas relativas a los escolares irlandeses. Díjome, entre ellas, que vienen a Salamanca a la edad de dieciséis a veinte años; que traen aprendido el latín, y en el Colegio aprenden el español; que las clases de Teología están en el Seminario Conciliar, donde a la par estudian colegiales españoles; pero que los irlandeses viven, comen y duermen solos en el Colegio del arzobispo, bajo las órdenes de un rector, también irlandés; que pasan en España seis o siete años seguidos; que los veranos los llevan de vacaciones a Aldea-rubia, donde hay una casa-colegio de recreo, dependiente del Establecimiento que estábamos visitando, y que allí se comen un rebaño cada estío (textual); que unos regresan a su patria cuando terminan los estudios, a fin de ordenarse en ella, y otros reciben las órdenes sagradas en Salamanca, habiendo también algunos que se quedan definitivamente en la Península; y, en fin, que la conducta de los jóvenes irlandeses, su aplicación, piedad y recogimiento son admirables; pero que hay que llevarlos indefectiblemente a las tres corridas de toros que se dan en la ciudad todos los años durante la feria...

Luego que hube examinado bien al portero, pasamos a la mencionada Iglesia contigua, llamada también del arzobispo.

Los jóvenes irlandeses, después de una breve oración, se habían marchado ya del templo al Seminario, dejándose los devocionarios en los bancos del presbiterio. Nosotros nos permitimos hojear alguno que otro... Estaban en inglés o en francés, y les servían de registros estampitas de la Virgen o de diferentes santos, británicos en su mayor parte. ¡Indudablemente (esta observación va a pareceros de inquisidor), aquellos muchachos eran católicos!

En cuanto a la citada iglesia, gótica de los malos tiempos, blanqueada y muy desnuda de accesorios, diré que solo ofreció a nuestra admiración una galería de hierro (que sirve de coro alto, y cuyos sostenes son bastante graciosos y originales) y un retablo plateresco de mucho gusto, con pinturas en tabla y estatuas de santos de verdadero mérito. Todo ello se atribuye a Berruguete; lo cual no ha sido obstáculo para que lo pinten de nuevo en nuestros días... ¡Dudo que haya valor semejante al de un restaurador de objetos artísticos!

Desde allí nos fuimos al Palacio de Monterrey, del cual ya he dicho que sirvió de modelo para el Pabellón Español edificado en la Exposición de París de 1867.

Del tal Palacio no existe, ni creo que haya existido nunca, más que un lado o ala, con dos torres, bien que estén construidos los arranques de los otros lados. Es plateresco a la italiana, lo cual quiere decir que el escultor luce más que el arquitecto, y excitan, sobre todo, la admiración su preciosa crestería formada de figuras grotescas, los leones y demás animales que sostienen grandes escudos, una hermosa cornisa primorosamente labrada, y sus elegantes ventanas y balcones, cuyas tallas son modelo de gracia y delicadeza. El conjunto resulta alegre, profano, lujoso, bellísimo, como una fiesta de Verona o de Ferrara en el siglo XVI.

Construyóse en el reinado de Felipe II, y pertenece al duque de Alba, en su calidad de conde de Monterrey. Hoy sirve casi todo de granero, y en su recinto, que visitamos con los amables hijos del Administrador, allí domiciliado, no hay nada que aprender ni que imitar; pero sí mucho que mueva a compasión y lástima. En cambio, las vistas que se descubren desde lo alto de sus torres son asombrosas.

Recorriendo de nuevo aquel suntuoso barrio monumental, que tanto nos había entusiasmado la mañana anterior, y al pasar por la calle de Bohordadores (llamada así porque en ella se hacían los bohordos para los caballerescos juegos de cañas, pero cuyo azulejo dice hoy malamente: «calle de Bordadores», vimos una antigua casa, triste, bella, cerrada, en cuya primorosa fachada plateresca había un busto, con bonete y capa muy bordada y lujosa, el cual representaba, según pudimos leer, al severissimo Fonseca, patriarcha alejandrino.

—¿Qué casa será ésta? —nos preguntamos.

—Esa es la Casa de las Muertes... —respondió una huevera que pasaba por allí a la sazón—. No llamen ustedes, que ahí no vive nunca nadie.

—¿Y por qué?

—Porque ahí hubo siete muertes... —replicó la mujer con acento lúgubre. Nosotros nos miramos muy regocijados, y proseguimos el interrogatorio... Pero la huevera no sabía más.

Había, sin embargo, que averiguar el resto, y, efectivamente, aquella tarde supimos por nuestros amigos los anticuarios de Salamanca, que el nombre de Casa de las Muertes le venía a aquel edificio de la circunstancia de haber ostentado, entre los adornos de su portada, hasta hace muy poco tiempo, varias calaveras de piedra, borradas al fin por el terror de la plebe: que, ciertamente, había dado la casualidad, hace veintiséis años, de que una mujer que vivía sola en aquella casa de tan fúnebre nombre, fuese asesinada misteriosamente, cosa que al vulgo le pareció sobrenatural, y que, por resultas de todo esto, nadie ha vuelto a pisar aquellos umbrales, si se exceptúan dos comandantes de Carabineros y un jefe de Estadística, forasteros todos, que vivieron allí breves temporadas... sin que les ocurriese ningún percance...

¡Triste condición humana! ¿Por qué ha de ser siempre más poética la mentira que la verdad?

De lo demás que vimos (regresando ya hacia el hotel; pues a fuer de mortales, también teníamos precisión de almorzar aquel segundo día), solo citaré y recomendaré la Iglesia de las Agustinas, correspondiente al convento del mismo nombre.

Es aquél el mejor monumento de estilo greco-romano que encierra Salamanca. Sus elementos griegos pertenecen al orden corintio, y todo el templo, aunque edificado a la mitad del siglo XVII, según lo demuestran algunos detalles poco clásicos, tiene la grandiosa sencillez y armonía de proporciones que constituyen el mayor mérito de este género de arquitectura. La cúpula es copia exacta de la del Escorial, aunque no tan gigantesca.

En el retablo del altar mayor hay un notabilísimo cuadro, de que con razón están orgullosos los salmantinos aficionados a las Bellas Artes. En una Virgen de la Concepción, de tamaño natural, pintada por el Spagnoletto, y, sin embargo, dulce, suave, tierna, ideal; rodeada de ángeles, de rostro inocente, y anegada, por decirlo así, en la placidez de la divina gracia... Más claro: es una Virgen de la Concepción que nadie hubiera creído pudiese pintar el austero y sombrío autor del Jacob, de los martirios de San Bartolomé y San

Esteban, del Apostolado y de todas las demás enérgicas y terribles obras que constituyen la gloria especialísima de nuestro inmortal Rivera.

Quien recuerde otras Vírgenes y otros ángeles pintados por él, y se haya asombrado, como nosotros, al considerar hasta qué punto negó la naturaleza a tan soberano artista el don de crear tipos afables; quien se haya asustado al ver aquellas Marías tan duras, ásperas y feroces, y aquellos niños de tan salvaje y desapacible aspecto, comprenderá toda la verdad e importancia de lo que digo. Es, por consiguiente, la Virgen que vimos en Salamanca un dato curiosísimo de la historia del arte y de la historia de Rivera; pues hay que advertir que no cabe duda alguna respecto de su autenticidad, ya porque así resulta de incontestables documentos, ya porque, en medio de su santa alegría y pudorosa mansedumbre, aquel cuadro ostenta, en cuanto lo consiente la índole del asunto, toda la intensidad y brío de color del Spagnoletto; su manera, su estilo, su genio, su carácter.

En mi sentir, y en el de mis compañeros de expedición, el Estado debía hacer que se recompusiera y copiara tan peregrino lienzo; dejar la copia a las Agustinas de Salamanca, y comprarles el original, para colocarlo en el Museo Nacional de Madrid. De lo contrario, las luces del altar mayor, el incienso, el polvo, la incuria y los sacristanes y monaguillos, acabarán con aquella obra maestra, ya muy deteriorada.

Pero se me ocurre otra idea. La iglesia y comunidad de las Agustinas tienen por patrono al conde de Monterrey, o sea al duque de Alba. Así lo revela la inscripción que dice, al pie de una sepultura mural, a la izquierda del presbiterio, que don Manuel Fonseca y Zúñiga, 7.º conde de Monterrey, fundó y erigió aquel convento... ¡Bien podía, pues, el señor duque, mi noble amigo, que tan espléndido es y ha sido siempre, hacer este regalo a la nación! El mundo entero se lo agradecería extraordinariamente.

XI. Último paseo. La Casa de la Salina. Doña Marta la Brava. La Torre del Clavero. Recapitulación

Después de almorzar hicimos algunas indispensables visitas de despedida, entre ellas, la del sabio y virtuoso obispo de la Diócesis, antiguo canónigo de Granada y actual adorno del Senado español, señor Martínez Izquierdo.

Cumplidos tan gratos deberes, fuimos a visitar, acompañados de los eruditos salmantinos que ya conocéis, la renombrada Casa de la Salina, sita en la calle de San Pablo, y llamada así por haber servido modernamente de almacén de sal.

Caminando hacia ella, nos refirieron la tradición que corre muy válida acerca del origen del edificio; y, como es digna de que la conozcáis, y yo no quiero poner ni quitar nada en tan delicado asunto, voy a transcribirla puntualmente, tal como la publicó hace años el señor don Modesto Falcón, individuo correspondiente de la Real Academia de San Fernando, Secretario de la Comisión de Monumentos de Salamanca, etc., etc.

Dice así:

«Parece que en los últimos años del siglo XV llegó a Salamanca la Corte, y con la Corte muchos grandes, prelados, damas y caballeros. Contábase entre éstos el poderoso don Alfonso de Fonseca, hijo natural de esta ciudad, oriundo de una noble familia, y que más tarde ocupó la Silla arzobispal de Santiago, recibiendo la dignidad de Patriarca de Alejandría, con la que más comúnmente es conocido en la Historia. El Ayuntamiento, según costumbre, proporcionó digno hospedaje a la Corte, puesto que, de acuerdo con la nobleza de la ciudad, hizo que los grandes, los prelados y las damas hallasen acogida entre las familias más distinguidas. Olvidó, sin embargo, dispensar el mismo agasajo a una señora llamada doña María de Ulloa, gallega, según dicen, de nacimiento, y amiga, según cuentan, de Fonseca; y resentido por aquella exclusión, casual o intencionada, el caballero, dice la tradición, juró que la dama había de poseer el mejor palacio de Salamanca. El palacio, con efecto, se construyó, y la tradición quedó unida a su fábrica.

»Si la tradición se muestra veraz en todo lo que relata, no seremos nosotros quienes lo afirmen ni lo nieguen rotundamente; pero nuestra imparcialidad nos obliga a decir que se parece mucho a la verdad. El poderoso Patriarca de Alejandría había tenido un hijo en su juventud, como él Alfonso de nombre, y que, como él, llegó a ser con el tiempo arzobispo; y aunque las historias suelen confundirlos por las circunstancias de ser ambos arzobispos, ambos Fonsecas de apellido, ambos Alfonsos de nombre, y ambos, en fin, patronos de grandes fundaciones, fácil es distinguirlos cuando en ellos se para bien la atención.

»La Casa de la Salina se fundó en los últimos años del siglo XV, en que tuvo lugar la tradición referida. Los escudos de cinco estrellas que en la fachada, en el interior y por todas partes del edificio se encuentran, no dejan lugar a dudas sobre la familia a que pertenecía el fundador. El escudo es de los Fonsecas...

»Nada se sabe de los artistas que labraron este monumento; pero como por la misma época, y con pocos años de diferencia, se fabricaban también la fachada plateresca de la Universidad, el convento de San Esteban y otra porción de edificios, los mejores precisamente de la ciudad, y cuya decoración es tan semejante, puede resumirse que anduvieron en él las mismas manos que esculpieron los demás. Si no fueron Sardiña, Ceroni o Berruguete, fueron discípulos o compañeros suyos.»

Hasta aquí el señor Falcón. Ahora debo yo decir, como obsequio debido a la verdad, que son irrebatibles de todo punto las obvias razones que aduce otro autor (D. J. M. Quadrado) para demostrar que esa tradición ha confundido tiempos, cosas y personas. Que la casa se labró por los Fonsecas (dice) lo acreditan los blasones de cinco estrellas colocados sobre las ventanas de la izquierda y en los ángulos de la fachada. Mas lo avanzado del Renacimiento aviniéndose con la noticia de que se empezó hacia 1538, desmiente la tradición, que enlaza su origen con la memoria del Patriarca de Alejandría, fallecido en 1512... A lo cual pudo añadir el señor Quadrado, que Berruguete, educado en Italia, no regresó a España hasta 1520, y que Sardiña floreció mucho después.

Sea de todo ello lo que quiera, y ciñéndome yo a mi papel de cronista y de fotógrafo, diré que la Casa de la Salina, en medio de lo mucho que la han deteriorado el abandono en que estuvo largo tiempo y el bajo empleo a que se la destinó después, y no obstante las recientes profanaciones de que ha sido objeto al tratar de convertirla en casa moderna, cerrando nobilísimos arcos y poniendo en su lugar puertas, balcones, ventanas y todo un entresuelo, conserva aún por dentro y por fuera, columnas, medallones, arcos, bustos, estatuas, mensulones, cornisamentos, escudos y centenares de figuras de animales fantásticos y caprichosos, que son otras tantas maravillas.

Yo espero que con el tiempo, y quiera Dios que no demasiado tarde, el Ayuntamiento de la culta Salamanca dedique su atención y algunos fondos a este notabilísimo edificio, comprándolo, si ya no es suyo, derribando todo lo moderno y postizo que hay en él, reforzando lo viejo y monumental, y poniendo allí un conserje que custodie y muestre a los viajeros aquellos prodigios del arte, dignos de veneración y estudio.

En la misma calle de San Pablo, número 84, hay otra casa célebre, no ya por su estructura artística, sino por la rara e interesantísima historia que recuerda. Llámase, por singular antífrasis, Casa de las Batallas, cuando debía llamarse Casa de las Paces, dado que en ella las pactaron y juraron dos bandos ferocísimos que, durante mucho tiempo, cubrieron a Salamanca de sangre y luto. «Ira odium generat, concordia nutri amorem» —dice una inscripción sobre el arco de la puerta de aquella casa desde el día que se firmaron allí las mencionadas paces.

Todo esto se refiere a la terrible historia de Doña María la Brava, de que ya hicimos conmemoración en el Corrillo de la Hierba, y de la cual voy a daros dos versiones, a cual más interesantes.

Dice el ya referido don Modesto Falcón:

«El drama comenzó en un juego de pelota. Dos jóvenes, hijos de la noble familia de los Manzanos, mataron en una contienda suscitada sobre el juego a otros dos jóvenes, muy amigos suyos, e hijos de la familia de los Monroy. La madre de éstos, doña María Rodríguez, buscando a los agresores y hallándoles en tierra de Portugal, adonde se habían refugiado huyendo de la justicia, tomó sangrienta venganza en ellos, cortándoles las cabezas y entrando con ellas triunfante en Salamanca. A su vez, los deudos de los Manzanos, indignados de aquella bárbara acción, quisieron ejercer represalias semejantes, y agrupados los Monroy en torno a doña María, defendieron a la vengativa madre, arrastrando unos y otros a muchos parciales. Los bandos en que se dividieron, y que tomaron por nombre a las parroquias de Santo Tomé y San Benito, donde las irritadas familias enemigas tenían sus casas solariegas, duraron cuarenta años, sembrando la desolación y el espanto en la ciudad y enrojeciendo muchas veces de sangre sus calles. Impotentes fueron el obispo, el Cabildo, las autoridades y el mismo conde de Benavente, que intervinieron en la contienda, para poner fin a aquella terrible lucha, que fomentaban las discordias civiles. San Juan de Sahagún, más feliz que las autoridades, se interpuso entre los combatientes y logró atraerlos a una concordia.»

La segunda versión, más trágica y animada que ésta, es la que figura en Recuerdos y Bellezas de España, y dice del siguiente modo:

«Sobre un lance del juego de pelota trabaron contienda dos hermanos de la familia de Enríquez de Sevilla con otros dos de la de Manzano; aquéllos sucumbieron en la atroz refriega, y fueron llevados exánimes a la casa de su madre. Doña María Rodríguez de Monroy no lloró sobre los cadáveres de sus hijos: nada dispuso acerca de su sepultura: silenciosa, sombría, fingiendo temer por sí, salió acompañada de criados y escuderos para su lugar de Villalba; pero, a la mitad del camino, les anunció resueltamente que no era fuga, sino venganza, lo que meditaba; y asociándolos con terrible juramento a su plan, los condujo a Portugal, donde se habían amparado los homicidas. Dónde y cómo los sorprendió, si fue en Viseo, de noche, derribando las puertas de su posada, no queda bien averiguado; lo cierto es que a los pocos días volvió a entrar en Salamanca, animosa y terrible, al frente de su comitiva, enarbolando en las puntas de las picas las cabezas de los dos Manzanos; y a guisa de ofrenda expiatoria, más digna del altar de las Euménides que de una tumba cristiana, las hizo rodar sobre las recientes losas que en la iglesia de San Francisco, o en la de Santo Tomé, cubrían los restos de sus hijos. Poco sobrevivió a esta feroz proeza, que le valió el epíteto de Doña María la Brava; pero sí más de un siglo los bandos que de ella nacieron entre los caballeros salmantinos ligados con una u otra familia, a los cuales se dice servía de línea divisoria, rara vez hollada, el Corrillo de la Hierba, explicando este título, allá como en Zamora, por lo solitario y medroso del sitio. No hay, sin embargo, más fundamento para derivar de la expresada ocasión el origen de estas luchas, tan habituales en todo el país durante la Edad Media, que para fijar su término (de 1460 a 1478) en los días de San Juan de Sahagún, cuyas fervorosas predicaciones, calmando y no extinguiendo la furia de los ánimos, le acarrearon más de una vez odios y violencias, y, por último, la muerte, propinada con veneno. Bajo los nombres de Santo Tomé y San Benito, parroquias que encabezaban los dos grandes distritos de la ciudad, perpetuáronse largo tiempo dichos bandos, recordando aún sus distintos colores y opuestas cuadrillas, en las justas Reales de la dinastía austriaca, los antiguos enconos y reyertas.»

Y basta ya de anécdotas y de historias, que se hace tarde, y tenemos que salir para Madrid antes del oscurecer...

Así dijimos nosotros aquel día, tratando de volver a la Fonda del Comercio; pero todavía fuimos a contemplar, por consejo de nuestros amigos (y de ello nos alegramos extraordinariamente), la Torre denominada del Clavero, que hasta entonces solo habíamos divisado a cierta distancia.

Dicha Torre pertenecía antes a un extenso edificio; pero hoy se ha quedado aislada y sola, como padrón conmemorativo de la Edad Media. Su figura es de lo más elegante y gallardo que nos han legado aquellos tiempos. Cuadrada por la parte inferior, conviértese luego en octógona, y resaltan de ella ocho garitas preciosísimas, que la hacen más voluminosa por arriba que por abajo. Los capacetes que cubren estas garitas descuellan sobre el cuerpo de la torre, dibujando en el cielo una especie de corona feudal que ennoblece aquel esbeltísimo monumento.

Toda la fábrica es de granito, y mide 28 metros de elevación por seis y medio de anchura. Edificóse en 1484, a expensas de don Francisco de Sotomayor, Clavero de la orden de Alcántara, y hoy pertenece al señor marqués de Santa Marta. Recientemente han construido en lo alto de ella una especie de templete u observatorio de pésimo gusto; y, pues me honro con la amistad de dicho señor marqués, atrévome a suplicarle que mande derribar aquel detestable apéndice, por muy asombrosas que sean las vistas que desde él se disfruten. Los fueros del arte, mi querido don Enrique, son superiores a los derechos del individuo.

A todo esto eran las tres de la tarde, y el tren para Madrid salía a las cinco. ¡Demasiado sabíamos lo mucho que nos quedaba que ver!... Salamanca encerraba todavía iglesias, palacios, colegios, casas históricas y otros monumentos, para cuyo examen se requería por lo menos una semana de continuo andar... Pero no podíamos disponer de más tiempo, y, además, estábamos tan rendidos, que teníamos que sentarnos a descansar en los trancos de las puertas, con gran asombro de los transeúntes... ¡Habíamos andado tantísimo en dos días escasos!...

Emprendimos, pues, la retirada; y ya, desde aquel momento hasta la mañana siguiente, que llegamos a esta Villa y Corte, no hicimos más que recapitular nuestras impresiones de Salamanca...

He aquí un sucinto resumen de las mías.

La Universidad ha sido, moral y materialmente, el alma y la vida de Salamanca, la fuente de su grandeza y de su renombre, la ocasión y origen de casi todos sus mejores monumentos. Si hubo allí los famosos Colegios mayores, llamados del Arzobispo, de San Bartolomé (el viejo), de Oviedo y de Cuenca (de los cuales solo existen ya los dos primeros); si fundaron otros cuatro Colegios las Órdenes militares, y contáronse además infinidad de Colegios menores, de Seminarios, de Escuelas, etcétera; si todas las órdenes monásticas erigieron suntuosos Conventos; si los Jesuitas levantaron allí su mejor Casa, y si fue la Ciudad del Tormes mansión predilecta de reyes y Magnates, que la embellecieron con multitud de palacios y de iglesias, todo se debió a aquel foco permanente de sabiduría, a aquel centro que atraía las miradas de Europa, a aquel emporio de la enseñanza, adonde iban a estudiar por millares (y muchas veces acompañados de sus familias) los jóvenes más ricos y nobles de toda España. Cuando Toledo, y Segovia, y Burgos, y Valladolid, y todas las ciudades castellanas decaían; esto es, cuando se hubo entronizado en nuestro suelo la calamitosa dinastía austriaca, Salamanca se libró, por excepción y privilegio, de aquella postración general, que muy luego rayó en indescriptible miseria; y este privilegio y esta excepción fueron también debidos a la perdurable boga de su Universidad, al respeto que infundía, al constante atractivo que ejerció sobre reyes, Prelados, Grandes, Sabios y hasta santos, obligándolos a ir a rendirle pleito-homenaje y a enriquecerla más y más con nuevas fundaciones.

De aquí tantos soberbios edificios de los siglos XVI y XVII, y de aquí también el haberse conservado cuidadosamente los de épocas anteriores. Es decir, que la segunda barbarie demoledora de monumentos; la barbarie que en otras regiones de España destruyó, blanqueó, reformó y afeó tantas y tan preciosas obras artísticas en los tiempos que median entre los Reyes Católicos y Carlos III, no llegó a las orillas del Tormes. En cambio, llegaron después otros bárbaros, émulos de los Atilas y Alaricos, y destruyeron dos terceras partes de los edificios monumentales de Salamanca... Refiérome a los franceses y a los ingleses (durante la Guerra de la Independencia), y también a los iconoclastas modernos, que tanto y tanto han derribado al grito de progreso y libertad, en sus varios períodos de dominación o de anarquía.

Otra de las razones que más han influido para que Salamanca pueda calificarse de Museo arquitectónico (donde se hallan, perfectamente conservados, exquisitos modelos de las obras más perecederas y hoy más destruidas, por lo nimio y menudo de sus primorosos detalles), es la excelente, inmejorable calidad de la piedra de todos sus monumentos.

Esta piedra, llamada franca, se encuentra a una legua de la ciudad, cerca de Villa Mayor. Blanda al principio como la cera, el tiempo la pone tan dura como el bronce y le da un hermosísimo color de oro. Admite, pues, y conserva perfectamente las más finas y delicadas labores, y de aquí la riqueza de obras platerescas que acabamos de enumerar y las muchas que no hemos citado, todas las cuales parecen recién, hechas en sus menores tallas, sin embargo de estar a la intemperie: de aquí también aquellas afiladas aristas de las esquinas de la Casa de las Conchas, aquella tersura de sus muros, que parecen bruñidos; aquellos atletas, de tan admirable musculatura, de la Casa de la Salina; aquella férrea solidez de la Catedral Fuerte, o sea de la Catedral vieja; aquellos primores del patio del Colegio del arzobispo, y tantos y tantos otros prodigios de escultura y arquitectura como ve el viajero en todas partes.

Conque hagamos punto final.

He concluido mi penosa tarea, incompleta (o sea diminuta, como se dice en el foro) para lo mucho que requería la gran Ciudad de los Fonsecas y Maldonados, pero harto larga para ser obra de un mero aficionado a las Bellas Artes, incompetente en todas ellas, y poco dado a escudriñar y explotar libros ajenos.

Réstame añadir que dedico estas pobres páginas, como recuerdo cariñoso, a mis amigos los excelentísimos señores don Servando Ruiz Gómez y don José España, y a mi camarada Dióscoro Puebla.

1878

La Granadina

Programa

Supongo que los panegiristas de Las Mujeres españolas que preceden a La Mujer de Granada en el orden alfabético, habrán escrito ya más de una disertación sobre la mujer en general, comparada con el hombre, y sobre las españolas o ibéricas en particular, comparadas con las hembras de otros países. A mayor abundamiento, el ilustre redactor del Prólogo capital de la obra ha sabido, como no podía menos tratándose de pensador tan profundo, desempeñar magistralmente la parte sinfónica de esta composición, sin que a su mirada comprensiva se oscurezca ninguno de los aspectos sumarios del asunto, ni en la esfera filosófica, ni en la moral, ni en la meramente literaria.

Véome, pues, por fortuna, dispensado de establecer aquí temerarios y abstrusos prolegómenos, a medida de mis intereses, respecto de las candentes cuestiones genéricas y diferenciales que ventilan hace 5.856 años los dos sexos beligerantes en que se divide la especie humana, y dispensado también de definir, a medida de mis afectos, si la mujer blanca es superior o inferior a la negra, la roja, la morena y la amarilla, o si entre las blancas debemos preferir la europea, y entre las europeas a la latina, entre las latinas a la católica, y entre las católicas a la ibérica, todo ello (¡gran iniquidad!) sin audiencia de las pobres agraviadas. En cambio, y aunque supongo también que otros de mis colegas lo habrán hecho, no puedo menos de discurrir un poco, por vía de Introducción, acerca de los inconvenientes con que tropezamos los autores de estas monografías al pretender clasificar a las mujeres de cada una de las actuales Provincias de España en una casilla aparte, que delimite técnicamente pretendidas variedades de su naturaleza o de sus costumbres.

Estuviera aún dividida España al tenor de los antiguos reinos, o de las vulgares y significativas denominaciones de Mancha, Rioja, Alcarria, Alpujarra, etc., etc., y sería obvio, en la mayor parte de los casos, trazar lindes y fijar término a los diversos hábitos y usos, a los varios caracteres y a las distintas cualidades intrínsecas que constituyen todavía (pésele al nivelador ferrocarril y a la uniformidad democrática) la pintoresca heterogeneidad de la población de nuestro suelo, rico también de contrastes topográficos y pictóricos. Pero la prosaica y antiartística Administración, al hacer la vigente demarcación de Provincias, no tuvo ni pudo tener en cuenta (lo reconozco imparcialmente) la historia, las tradiciones y las prácticas de cada región para encerrarla en sus efectivas fronteras, sino que atropelló por todo y cortó por lo sano, como la expropiación forzosa, mutilando y desorganizando ciertas aglomeraciones etnográficas, legendarias o políticas, que venían a ser el sistema ganglional de nuestro pueblo, y de aquí ha resultado (perjuicio baladí para la Administración, y acaso trascendentalísimo a los ojos de los verdaderos estadistas) la disgregación y dislocación de muchos intereses y sentimientos que eran al par efecto y causa del inveterado organismo geográfico, resultando también (y es lo que en este punto nos importa discernir) esa fría pléyades de Provincias de oficio que tan pobremente brillan a los ojos del artista o del poeta, por ser las unas idénticas a sus adyacentes, por ser otras pedazos arrancados a un antiguo nobilísimo reino, y por ser no pocas meros caprichos arbitrarios, sin blasón ni carácter propios.

Ahora bien: el libro de Las Mujeres españolas ha tenido que acomodarse a la actual división administrativa, en virtud de muy atendibles consideraciones, y nosotros, los redactores de tal obra, nos veremos por ende expuestos a cada instante y obligados muchas veces, ya a repetirnos, ya a anularnos recíprocamente, ya a contradecirnos unos a otros en nuestros juicios y apreciaciones.

Yo, por ejemplo, al proponerme describir a la Granadina, hállome con que mi provincia no es toda la Andalucía, ni tan siquiera todo el antiguo reino de Granada; tropiezo con que, al llegar este libro a la G, ya contendrá descripciones cumplidísimas de las mujeres de Almería, Cádiz y Córdoba; y encuéntrome, finalmente, con que después han de venir los artículos sobre las de Jaén y las de Málaga, tan parecidas a las hijas del Darro, del Guadalfeo y del Guadix. No extrañe, pues, al lector que desatienda en ocasiones puntos de vista extensivos a todas las Andaluzas, ni que, por el contrario, señale algunas veces como condición propia de la Granadina lo que caracterice también a la de Almería y a la malagueña. ¡Sin esta libertad de acción fuera imposible sacar las siguientes fotografías!

Una advertencia más, y entramos en materia.

Mi plan es estudiar muchas Granadinas en diversos escenarios de la capital, de las ciudades subalternas, de los pueblos pequeños, y de los campos. No se confundan, pues, nunca las especies, y téngase siempre a la vista que estarán siendo simultáneo objeto de nuestras observaciones las ricas de las aldeas y las pobres de las ciudades; las mendigas de la capital y las petimetras de los cortijos; las elegantes huríes que bostezan en coche por la Carrera del Genil y las hechiceras cursis que cimbrean su primoroso talle, vestido de limpia indiana, en un balconcillo de madera festoneado de flores; las terribles alcaldesas de monterilla, más tiesas que don Rodrigo en la horca, y las interesantísimas hijas bien criadas de padres del antiguo régimen, moradoras de ciudades que, aun siendo de cuarto orden, presumen de más históricas que Alejandría y Atenas...

Hay, como veis, mucha tela cortada, y tenemos, por consiguiente, que ahorrar de razones... ¡Arriba, pues, el telón!

Capítulo I. La granadina como andaluza

Quedamos en que a estas horas os han dicho otros colaboradores de este libro lo que es Andalucía. Os habéis, pues, hecho cargo del almo júbilo con que se ríe el Todopoderoso en aquel pedazo de cielo que deja transparentarse la gloria desde el Guadiana hasta el Segura, y desde Sierra Morena hasta los dos mares: habéis respirado aquel aire tibio y balsámico, que difunde, en abril como en diciembre, el aliento de nuevas rosas; habéis contemplado aquellas matizadas vegas, patrimonio a la par de Flora y Ceres; aquellos cármenes y huertos que no ensoñó Babilonia; a quellos bosques de naranjos y limoneros, como los imaginados por la Fábula; aquellos inmensos olivares y pomposas viñas que absorben y dan por fruto la luz y el calor del Sol; aquellas costas en que tienen colonias las palmeras de Oriente y los plátanos de Occidente, y aquellos mitológicos ríos que desaparecen leguas y leguas bajo la fresca bóveda que tejen el arbolado y las malezas de sus fértiles orillas: habéis doquiera recibido la descarga eléctrica, o sea la conversación, de aquella raza vívida, locuaz, entusiasta, turbulenta, que es a un tiempo sentimental y festiva, infatigable y perezosa, y os ha causado asombro y hasta miedo tanta gracia, tanto fuego, tanta poesía como brotan incesantemente de aquellas bocas siempre llenas de réplicas felices, de chistes rapidísimos, de embustes ingeniosos, de áticas sales, de donosas comparaciones, de atrevidas hipérboles, y de más retórica, en fin, para todos los casos y todos los gustos, que enseñaron Aristóteles, Horacio, Cicerón y los mismos Santos Padres. ¡Y allí, por último, ha surgido ante vuestros ojos, como una sílfide, como una llama de colores, como una tentación viva, la Eva morena, la Elena romántica, la Venus católica y vestida, la mujer andaluza, para decirlo de una vez..., superstición de britanos, locura de franceses, chochez de rusos y alemanes, y perdición de los españoles!

Ahora bien: pues que ya conocéis la tierra y la gente, y de juro también os han llevado, para que estudiéis las costumbres, a los toros del Puerto y de Sanlúcar, y a las ferias de Mairena y del Rocío, y a la Semana Santa de Sevilla, y de paseo o gran parada a la plaza de San Antonio de Cádiz, y de profana romería a la beata Sierra de Córdoba, y en todas estas exposiciones regionales habréis encontrado a las más genuinas andaluzas de alto y bajo copete, ora a pie, ora en las ancas de brioso caballo regido por apuesto contrabandista, ora en jumento con jamugas o con maldita la cosa, ora en calesa, calesín o birlocho; ya con vestido a media pierna, pañuelo de crespón encarnado y la cabeza orlada de claveles; ya con falda de espléndidos faralares, valioso mantón chinesco y toca blanca, al gusto de Goya; ya de legítima torera, con monillo, ceñidor y sombrero calañés; ya arrastrando luenga cola de seda y tremolando la clásica mantilla de casco, bandera negra de las españolas contra toda la extranjería; aquí tañendo las castañuelas, y bailando, verbigracia, el Vito; allí cantando, al son de sus palmas, la apasionada Soledad, o entonando, con lágrimas en la voz, ¡sin palmas y con suspiros!, la Caña quejumbrosa y lastimera; aquí abriéndose paso con su rumboso meneo entre una turba de majos, que arrojan a sus pies capas y sombreros para que le sirvan de alfombra; allí volviendo valientemente una esquina, y al mismo tiempo la cara en sentido inverso, como fascinadora culebra que no quiere que se escape el pajarillo; es decir, pues que ya habéis visto a la mujer técnica de la Tierra de María Santísima, sea duquesa o labradora, generala o cigarrera, en el pleno ejercicio de su privativo poder, de su peculiar gallardía, de su porte soberano, tengo que principiar por advertiros que...

Axioma
La Granadina no es andaluza de profesión
Quiero significar con esto que la Granadina, aunque posee todos los encantos especiales de las andaluzas, su imaginación, su donaire y su belleza no es, ni nunca pretende ser, el consagrado prototipo de la raza bética; no es, ni siquiera entre la gente ordinaria, la jacarandosa macarena pintada en el forro de los calañeses y sobre las cajas de pasas de Málaga; no es, ni de ello presume, la estereotipada heroína de las saladísimas piezas de Sanz Pérez; no es, en fin, la mujer andaluza, tal como la tienen metida en la cabeza los extranjeros; tal como se la dieron a entender la Nena y la Petra Cámara, y tal como ellos van a admirarla allende Despeñaperros, a riesgo y hasta con ansia de que salgan a robarlos los Grandes de España de primera clase que, según es sabido, despluman, trabuco en mano, a los periodistas franceses que pasean sus tesoros por España.

No; la Granadina no hace gala del género andaluz, ni en su pronunciación, ni en sus actitudes, ni en su estilo, ni en sus hábitos. Es en lo que principalmente se diferencia de las hijas del Guadalete, del Guadalquivir y del Guadalmedina (ríos cuyos nombres valen un imperio, en el sentido recto de la palabra), las cuales, por muy damas que sean (y las hay principalísimas, que pueden echarse a pelear con las mejores de Madrid), siempre, siempre... (¡no me lo neguéis!) abundan en su propio andalucismo, a sabiendas de lo que en el orbe vale y puede esta calidad... Por el contrario: aunque la Granadina, en su pronunciación, en sus actitudes, en su estilo y en sus hábitos, revele constantemente su idiosincrasia andaluza, es de una manera indeliberada, inconsciente, inadvertida. Creeríase que no se tiene por tal, o que ignora que las andaluzas gozan fama en ambos hemisferios de jocosas por antonomasia. Ello es, repito, que nunca alardea en tal guisa, o, para hablar más a la buena de Dios, nunca la echa de graciosa... ¡Y lo es tanto!

Muchas veces (¡ya lo creo!: siempre que le hace falta para volver el juicio a un hombre, o para salir de cualquier apuro) deja la Granadina el grave continente de que hablaremos después, ¡amigo!, y entonces sabe plantarse como una jerezana, y contonearse como una de Sevilla, y argüir como una de Córdoba, y poner más caras y más cruces que una de Málaga... Pero esto es un relámpago fugitivo, durante el cual se ve lo que no es decible de trastienda, monadas y travesura, y luego vuelve su señoría a la acostumbrada formalidad, no quedando de la pasada metamorfosis sino algunos hoyuelos en las mejillas y cierto reír en los hechiceros ojos; permanentes indicios del alma que se esconde en aquel cuerpo.

Capítulo II. Moros y cristianos

Conque, ya lo he indicado, y aquí lo consigno, y sirva esto de corolario al capítulo anterior, a la vez que de segundo

Axioma

La Granadina es una andaluza seria

Tan rara seriedad no tiene nada que ver con la inalterable circunspección, con la espetada tiesura ni con la solemne parsimonia de las pobladoras de otras regiones de España. Es un melancólico señorío, una poética distinción, un gracioso romanticismo, propio exclusivamente de las reinas destronadas. La Granadina podrá ser genial y chistosa por naturaleza, y resultar así cuando se la excita; pero se diría que siempre es a pesar suyo. No de otro modo (y va de símil) tal o cual huérfana, o tal o cual reivindicable viuda, tiene la figura risueña y deliciosa, y la voz juguetona como un trino, y el discurso divertidísimo por lo travieso, aun el día en que estrena sus tocas de luto y en que está su corazón verdaderamente acongojado.

Y la verdad es que, en el fondo del espíritu de los granadinos de ambos sexos, hay no sé qué vaga sombra de esa viudez, de esa orfandad, de esa realeza y de ese destronamiento. Más frescos allí que en parte alguna de la Península los recuerdos de una autonomía soberana; habiendo sido aquella región la última que constituyó reino independiente; vibrantes aún en el espacio, por tradición sentimental de padres a hijos, los alaridos de dolor que lanzara, no hace tres siglos, la raza Morisca al ser arrancada de cuajo de aquel Edén; confundidos en la imaginación popular este infortunio y el anterior de los judíos con sus infortunios propios, a causa del decaimiento intelectual y material que ambas expulsiones produjeron en Granada; creyéndose, en fin, todo el mundo de un modo informe y fantástico, que desciende, a un propio tiempo y por línea recta, de los mismísimos Reyes Católicos y de Boabdil el Chico, o cuando menos de Príncipes mudéjares y de los grandes Capitanes conquistadores (y de todo habrá ¡vive Dios! por bien que expurgara la población cristiana el buen Felipe III), resulta que el bello ideal de la raza granadina reside en lo pasado, que su orgullo es retrospectivo, y que el mundo de sus complacencias, de sus consolaciones y de sus engreimientos se encierra en aquel palacio de la Memoria que tan elocuentemente describe san Agustín, y en otro primoroso palacio material, aunque parece labrado por las hadas, entre el río de las arenas de plata y el río de las arenas de oro; es decir, en la incomparable, deleitosísima Alhambra, ufanía y ejecutoria de todos los granadinos de hoy, no obstante ser obra de los vencidos, expoliados y desterrados islamitas.

Y aquí tenéis explicado el por qué los poetas y poetastros de aquella tierra somos elegíacos hasta lo sumo, y

> Cómo, a nuestro parescer,
> cualquiera tiempo pasado
> fue mejor.

Pues bien; en las mujeres, esta especie de nostalgia hereditaria crea y fomenta los más quiméricos sinsabores, sin que ellas mismas se lo figuren, y yo apostaría cualquier cosa a que la síntesis de su pena es la siguiente: Echar de menos los gloriosos tiempos de la conquista, en que el amor podía servir de corona al heroísmo, y envidiar simultáneamente la ventura de las Princesas árabes que conspiraban con los Caudillos cristianos en el Albaicín contra la corte de la Alhambra, y la felicidad de las ricas-hembras de Castilla que recorrían a caballo las vegas de Santafé y de la Zubia tras la hacanea de Isabel la Católica, escoltadas y servidas por la flor de la caballería cristiana y amenazadas de cautiverio por la flor de la caballería mora...

¿Qué mucho, por tanto, que sean graves y melancólicas todas las Granadinas en ciudades, villas y aldeas? ¡Cuando ese tedio de lo presente y esa pasión de ánimo por lo pasado se apoderan de una raza, su triste orgullo se transmite de generación en generación, y cunde de las clases ilustradas a las ignorantes, sin que nadie tenga que enseñar ni que aprender lección alguna! ¡Es una cosa que se hereda como las facciones del rostro; es una cosa que se pega como el acento; es una tisis del alma!

Lo repito: la Granadina es seria, soñadora, poética, elegíaca, sin embargo de su vívida sangre andaluza, como lo es el pájaro cautivo, como lo es el ángel desterrado. Ella está cautiva en la red de una creciente decadencia local: ella está desterrada de la Historia.

Capítulo III. Triunfan los cristianos

Axioma

Todas las Granadinas son católicas apostólicas romanas

No exceptúo de esta regla ni a las mujeres de los más acérrimos republicanos federales, ni a las hermanas de los cuitados que en cierto pueblo de la costa repartieron hace algún tiempo Biblias protestantes, ni a las hijas de Constituyentes que en 1869 votaron la Libertad de cultos, ni a las madres de ninguno de ellos... ¡Todas, todas las Granadinas son eminentemente católicas!

Piadosas, humildes, reverentes con Dios y con sus ministros, su religiosidad brilla principalmente por una ardentísima devoción a la Virgen y por un miedo cerval al Demonio.

La Virgen es para ellas preferente objeto de un amor indefinible. Trátanla como a madre, como a hermana, como amiga, como a confidente y consejera... ¡Hasta pretenderían hacerla su cómplice! ¡Todo se lo cuentan; todo se lo consultan; en todo procuran interesarla; de todo le ofrecen participación, consistente en algunas velas, en alguna joya o en la trenza de sus mismísimos cabellos! El bandido de Nápoles le reza a San Genaro o a la Madonna, para que le ayuden en sus negocios. Las Granadinas ponen bajo el amparo de la Virgen sus esperanzas de todas clases... Con ella tienen mucha más franqueza que con Dios.

A Dios apenas acuden directamente, contando como cuentan con la Reina de los Cielos. A Dios lo veneran, lo bendicen, lo respetan, y le huyen... ¡Es que le temen! Initium sapientiae timor Domini. Aunque en esto de temer, repito que le temen más al Diablo.

El Dios temido, a quien acabo de referirme, no es otro que Dios Padre en particular; pues a Dios Hijo no le temen de manera alguna sino que lo aman con entrañas de verdaderas madres desde que son niñas de ocho años. Aman, sí, a Jesucristo en persona, como otras tantas Marías agrupadas al pie de la Cruz; lo compadecen, lo asisten, lo acompañan, lloran su Pasión y muerte, viendo en Él un hijo legado por la desgracia a su solícita ternura. De aquí que una imagen del Señor del Mayor Dolor o de Jesús Nazareno con la Cruz a cuestas les inspire a veces tanta confianza y tanto fervor como una

Virgen del Carmen o de las Angustias... Y ¡cosa rara! cuando este mismo Dios Hijo se les representa en su primera edad, como Niño Jesús o Niño de la Bola, ya pierde su carácter filial, y, en vez de familiar ternura, infúndeles altísimo respeto. ¡Admirable intuición de lo más abstracto de la teología!... ¡A medida que ven reducirse la Persona, crece y se impone a su imaginación la Esencia!

Por lo que hace al Espíritu Santo, dijérase que no existe para ellas. ¡Nunca es objeto de su misticismo! Lo cual se comprende sin esfuerzo: los atributos especiales del Paráclito son más perceptibles a los ojos de los Doctores de la Iglesia que a los de las fieles cristianas.

Acerca del Demonio no quisiera hablar en este sitio, pues es hacerle demasiado honor; pero no puedo pasar por otro punto. La Granadina ve a Lucifer tantas veces al día como lo vieron san Antonio Abad y santa Teresa de Jesús, y lo acusa a cada momento de cuantas desgracias le ocurren o presencia. «El Demonio ha hecho que pase esto.» «Quiso el Diablo que sucediera lo otro.» «Satanás me ha escondido el ovillo, las tijeras o la aguja». «Me tentó el Demonio, y dije aquello o hice lo de más allá.» «Hoy tengo los Malos en el cuerpo.» «Fulano es el enemigo...» Estas y otras parecidas frases no se caen nunca de sus labios, y, al propio tiempo, pónele la cruz a Luzbel, o se santigua estremeciéndose, o dice «¡Ave María Purísima!» por vía de exorcismo y desinfectante. Y, sin embargo, en todo esto no hay nada de maniqueísmo, sino ortodoxia pura.

En lo que no hallo tanta ortodoxia, bien que tampoco intención herética, es en las preocupaciones y supersticiones que abriga respecto a la existencia y poder de otros seres no mencionados en el Catecismo. La mitad de las mujeres de la Provincia, sobre todo las de los pueblos pequeños, creen a puño cerrado en duendes, brujas, hechiceros, fantasmas y aparecidos. De aquí un miedo espantoso a los muertos, y de aquí también el que, haya casas cerradas en que no se atreve a vivir nadie, por ser cosa sabida que ¡a media noche! óyense en ellas extraños ruidos, particularmente de cadenas. Esta credulidad, de que nunca participaron las personas verdaderamente cultas, va cediendo también hoy en el ánimo de las indoctas, pero no así la fe en innumerables agüeros, talismanes, amuletos, cábalas y untos, de aplicación medicinal y moral, para cuya enumeración y recetario sería preciso escribir un tomo en folio.

Por lo demás, la Granadina es asidua al templo, lo mismo en la capital que en la última aldea; frecuenta el confesonario; da mucha limosna, y hace y cumple infinidad de promesas o votos, como romper (o sea usar hasta que se rompe) un hábito de tal o cual Orden monástica, no comer postres, pagar misas, llevar velas a las sagradas imágenes, andar descalza, recorrer de rodillas iglesias enteras, rezar muchas partes de Rosario, etc., etc.

También tiene gran devoción a los santos y santas de la corte celestial; mas no a todos en idéntico grado o con igual confianza en su poderío. Quiero decir que prefieren entenderse con tal o cual bienaventurado, según que lo juzgan más o menos milagroso. Pero esto acontece en todas partes.

Volviendo ahora a su adoración especial hacia María Santísima, diré como ejemplo, y para concluir en este punto, que no es dado formarse idea de nada tan tierno, tan expresivo, tan conmovedor, como los agasajos, fiestas y ovaciones que granadinos y granadinas hacen a la Virgen de las Angustias, patrona de la capital. Quien no haya visto, después de cualquier calamidad pública, trasladar en triunfo aquella célebre imagen, desde la Catedral, donde se llevó en rogativa, a su casa (así se designa su templo), no puede saber hasta dónde llega el sublime frenesí de un pueblo exaltado por la piedad; y quien haya presenciado tal espectáculo sin derramar, aun siendo de la cáscara amarga, lágrimas tan copiosas como las miserias de esta vida, no tiene corazón ni alma de hombre.

Capítulo IV. La granadina en el hogar doméstico

Echada la sonda en la imaginación y en el corazón de nuestra heroína, y conociendo, como ya conocemos, la índole y la profundidad de su fantasía y de sus creencias, se ha simplificado mucho la tarea de estudiarla, y podemos proceder a analizar sus costumbres rápida y objetivamente.

Principiemos por desenvolver este

Axioma

La Granadina es la señora de su casa

En efecto: la mujer de aquella tierra manda en jefe en el hogar, donde ejerce de hecho y de derecho una autoridad superior a la del hombre. La doctrina evangélica que rehabilitó a la hembra, ha sido cumplida allí con exceso, por lo menos en esta parte. Y es que el granadino, por pasión ingénita o genérica, y por galantería característica, ha hecho de la mujer un ídolo, en lugar de hacer una compañera. Puede decirse que ella es la reina del palenque en que lucha el varón toda su vida. Para ella y por ella quiere ser guapo, elegante, valiente, rico, poderoso. Ella es a un tiempo juez y premio del torneo. La opinión de los hombres, criterio del honor en todos los países, no les importa tanto a los hijos de Granada como la opinión de las mujeres, criterio que aquilata el mérito y el demérito con relación al amor.

Cierto que algunas veces el esposo maltrata a la esposa, la pega y hasta la mata; pero nunca la desprecia... ¡Es que el pobre hombre tiene celos, o es, más generalmente, que de vez en cuando se le ocurre, como a los pueblos, sacudir la tiranía! Empero el tirano (quiero decir, la mujer) aguanta el pujo; deja pasar la tormenta, y vuelve a imperar sobre el rebelde..., que entonces las paga todas juntas. Vemos así que muchas mujeres de la clase y condición en que funcionan las manos o la vara del marido, suelen quejarse amargamente de que éste haya renunciado por completo a sacudirles el polvo; pues entonces es cuando se creen verdaderamente destronadas...

Por lo demás, la Granadina, desde que se constituye en esposa, adopta voluntariamente algo de la manera de vivir de las orientales. Dígolo, porque se encastilla en el hogar, bien que solo con el objeto de dirigirlo, de gobernarlo, de monopolizarlo. Del tranco de la calle para adentro, el marido no dispone de cosa alguna; suele no saber lo que sucede; cuando más, indica su opinión; y la mujer determina, decide, concede o niega. Por regla general, ella es la depositaria del dinero, y, por regla universal, la distribuidora. Habrá familias que vivan a la francesa, o fuera de la ley de Dios, y con las cuales no recen, por consiguiente, estas bases. ¡Prescindamos de semejantes excepciones! La norma es la que digo. Y aún hay más. El hombre en sus negocios de la calle, en los asuntos relativos a su profesión o a su hacienda, no resuelve nada medianamente importante sin consultarlo con la señora (que así se llama la que usa vestido), o con la parienta (que así se denomina sí usa zagalejo). ¡Y estas no son debilidades del orden íntimo o privado, sino legítimas deferencias que proclaman en alta voz los maridos como la cosa más natural del mundo!...

En cambio, la mujer, dentro de la casa, a puerta cerrada, trabaja cuanto humanamente puede, a veces más de lo que nadie imaginaría, atendida la posición social de la señora. En este punto es La perfecta casada de fray Luis de León. No solo la muy pobre, sino también la que vive con algún desahogo, y hasta muchas acomodadas, naturalmente hacendosas, o que precaven el porvenir economizando, para sus hijos, barren, limpian, cosen, planchan, lavan, friegan, amasan, guisan, crían gusanos de seda y cuidan a los niños (todo al par que la criada y por ahorrarse de tomar otra), sin contar con que, cuando se ocurre, le sirven la comida a su esposo, al mismo tiempo que ellas comen aparte, yendo y viniendo a la hornilla, con la majestad de antigua matrona que diera hospitalidad a un peregrino, o con la humildad de una reina en Jueves Santo.

Lo que la Granadina no hace nunca... Pero esto que voy a decir merece figurar como

Axioma

La Granadina no cultiva el campo
¡Ah! lo contrario sería un deshonor para el más pobre labriego. ¡Su mujer no es una negra! Él ara, siembra, labra, coge, trilla, riega con todo el Sol canicular, con hielos y nieves, con el agua a la cintura, sin reparar en su comodidad ni en su salud... ¡Pero trabajar ella delante de gente! ¡Hacer lo que puede hacer un mozo, un peón..., y, si no hay peón ni mozo, él mismo, a costa de un poco más de fatiga!... ¡En manera alguna!

No sin orgullo consigno esta observación (aplicable a todas nuestras provincias meridionales), advirtiendo de paso a las granadinas, para que se lo agradezcan a los granadinos, que en otras regiones de España y en las más cultas naciones de Europa sucede todo lo contrario: la mujer del campesino labra la tierra, y el hombre se las compone en el hogar. ¡Y así anda ello!

Lo que sí hace la Granadina en el campo es espigar. Pues ¿qué es espigar? Espigar es hacer uso de un gracioso derecho que cristianamente concede el más pobre labrador a las mujeres necesitadas (y solo a las mujeres), de entrar en su heredad, de donde ya se han sacado los haces, a rebuscar y apropiarse las espigas que han quedado desperdigadas en el rastrojo. ¡Después de la galantería, la caridad erigida en ley consuetudinaria! ¡Muchas leyes como ésta nos diera Dios! ¡Algo más medrado andaría nuestro siglo!... Pero doblemos la hoja.

Axioma hasta cierto punto
La Granadina es lujosísima en la calle
Ni el marido ni el padre reparan en su propia persona, con tal que la esposa o la hija vista «como corresponde»: y siempre corresponde vestir mejor de lo que buenamente se puede. El traje pontifical de la mujer, y no el del amo de la casa, representa la clase social de la familia. Un hombre rico o linajudo podrá descuidarse en el vestir, usar ropa como de artesano o de labrador; abandonar para in aeternum el frac, la levita y hasta el sombrero de copa; pero la señora de la casa no saldrá nunca a la calle sino de tiros largos, con arreglo a ordenanza, «como quien es», según dice ella enfáticamente.

En compensación, de puertas adentro, lleva demasiado lejos el negligé, que en España llamamos trapillo, con tal de que la casa ofrezca un aspecto irreprochable. Digamos, pues, que nuestra perfecta casada es objetivamente limpia hasta un extremo increíble... Los muebles, los utensilios de cocina (de los cuales tiene repetidas baterías de lujo que no sirven nunca), los techos, las paredes, los suelos, brillan siempre como el oro. «¡En los ladrillos de mi casa se pueden comer migas!», dice con muy fundado orgullo. Si, en cambio, no todas aquellas mujeres de bien se distinguen por una completa o total limpieza subjetiva, cúlpese al señor don Felipe II, que dictó cierta endiablada pragmática, prohibiendo a los moriscos y moriscas de Granada el pícaro uso de los baños domésticos.

Otro axioma
La Granadina, en general, recibe y hace muy pocas visitas
Por lo común, se pasa toda la semana sin poner un pie en la calle y sin que ninguno de fuera pise su casa, como no sea algún pariente muy cercano. En toda la provincia escasean las tertulias en que se reúnan señoras. Si éstas pasean, es en domingo, y eso en la capital. En las poblaciones subalternas se necesita que repiquen más gordo... Pero ya volveremos sobre esto.
Entretanto, allá van algunos

Nuevos axiomas
La Granadina es floricultora, domadora de gatos y domesticadora de canarios
Recomiendo a los pintores de género el insondable cuadro de una de estas mujeres de su casa, sentada al lado de un balcón lleno de macetas floridas, entre una manada de gatos enroscados a sus pies, y media docena de canarios enjaulados sobre su cabeza. Con esto y con su fértil aventurera imaginación, tiene bastante una hija de Granada para no estar nunca sola.
El gato, la flor, el canario y la mujer... ¡qué cuarteto!

La Granadina es herbívora, vinífoba y gazpacháfaga
Es herbívora: esto es, se alimenta principalísimamente de vegetales cocidos, fritos, asados o crudos. Cierto que acepta las substancias animales inherentes al puchero, pero es como precepto medicinal más que como verdadera satisfacción. Y fuera de esto y de algún huevecillo, seguro está que ninguna Granadina se recete motu proprio otros manjares que ensaladas, ensaladillas y ensaladetas, en cuyo ramo su inventiva es inagotable. Pasarán de doscientas ¡vaya si pasarán! las combinaciones que sabe hacer de aceite, vinagre y sal, con todas las hierbas del campo. Y entiéndase que en la palabra hierbas incluyo todo lo que, según el Diccionario, es legumbre, todo lo que es hortaliza, y además muchos frutos y frutas, Porque hay ensalada de pimientos y tomates y de tomate crudo y solo, y de pepino, y de

calabaza, y de cardo, y de patata, y de remolacha, y de escarola, y de judías, y de apio, y de pero, y de lechuga, y de coliflor, y de cebolla, y de granada, y de manzana, y de naranja, y de todo, lo nacido. ¡Ah! ¡Se me olvidaba! «De la mar los boquerones... (la Granadina rinde este tributo de respeto a Málaga), sobre todo fritos, de noche, con ensalada de escarola.» Pero hablarle a la Granadina (exceptuamos a las afrancesadas) de beefsteak o de roastbeef, equivale a hablarle de herejes y de judíos.

Es vinífoba. Explicación: nunca prueba el vino, como no sea muy dulce, de rompe y rasga, y considerándolo la más atroz de las travesuras. Pero en la mesa, a pasto, como en otras provincias de España y como en los demás pueblos extranjeros... ¡jamás! Verdad es que tampoco los granadinos, hasta hace muy poco tiempo, y salvo ligeras excepciones, habían visto el vino sobre su mesa. Y todavía, fuera de la capital, es esto verdaderamente extraordinario. ¡Sin embargo, la provincia, según datos estadísticos, resulta aficionada, muy aficionada, demasiado aficionada! Pero se bebe como se peca, a solas, clandestinamente... «El vino..., ¡en la taberna», le dice la mujer al marido. Y enseguida le elogia la limpidez, la baratura y las virtudes higiénicas del agua, «creada por Dios para que no se beba vino».

Es gazpacháfaga... ¿Y quién no lo es en aquel país? ¡Desde el Prócer y el Prebendado hasta el mendigo, en diciendo que llega mayo, todo el mundo se administra, cuando menos, un gazpachillo por día! La Granadina-tipo se administra dos o tres: lo toma antes del puchero; lo toma entre comidas; lo toma antes de acostarse... Ni ¿qué fuera del género humano sin el gazpacho,

> En aquella tierra,
> Con aquel calor,
> Donde tan temprano
> Sale siempre el Sol?

La Granadina es honesta y en ningún caso escandalosa

En Granada, por la misericordia de Dios, todavía está de moda la virtud de las mujeres... Quiero decir que la opinión pública no tolera el pecado, ni transige con las pecadoras... Son, pues, ellas buenas por innata circunspección y acendrada religiosidad, y al mismo tiempo porque les es indispensable para vivir entre las gentes; y de aquí resulta que su rigor y severidad, no solo impiden la falta propia, sino también la falta ajena. ¡La delincuente, en aquel país, no está dentro del derecho común, como en esta Villa y Corte y como en otras varias partes! ¡Pecar en aquella provincia es para la hija de Eva colocarse fuera de la ley, incomunicarse con la sociedad, aislarse como una leprosa! Quizás por esto mismo tampoco sirve allí de timbre y loor a un hombre el ser un don Juan Tenorio o cosa parecida. ¡Todo el mundo detesta y condena al infame que sedujo a una joven en estado de merecer, perdió a la mujer del prójimo o dejó abandonada a la suya! ¡Dure mucho en mi amada tierra este sentido moral! Cuando él falta, los pueblos más prósperos son una repugnante sentina. Dígalo París.

Y aquí concluyen las generales de la ley de todas las Granadinas. Examinemos ahora los caracteres que las diferencian entre sí, según que viven en la capital, en las poblaciones subalternas o en el campo, y según que pertenecen a la aristocracia, a la clase media o al pueblo. Pero examinémoslas confundidas unas con otras, pues toda clasificación regular, ordenada y simétrica, está reñida con el Arte.

Capítulo V. Galería de granadinas

¿Quién no conoce y admira a Granada, aunque no la haya visitado nunca? Creo, pues, innecesario repetir aquí lo que han escrito Chateaubriand, Zorrilla, Teófilo Gautier, Washington Irving y otros mil literatos, y me limitaré a deciros que, por lo que yo he visto, por lo que he leído y por lo que me han contado de cuanto hay en el globo, no existe teatro mejor dispuesto para el sueño del amor y la apoteosis de la mujer que aquel en que vamos a contemplar ahora a nuestra heroína.

Allí podemos verla de paseo amatorio por la tarde, en la primavera, bajo las sombras paradisíacas de La Alhambra; o en excursión higiénica, el verano, al amanecer, por la amenísima y misteriosa cuenca del Dauro o Deoro, en busca de la fuente del Avellano, o, en tren de merienda, por las fértiles huertas de los Callejones de Gracia, con presupuesto de cerezas, habas verdes o lechugas, para engañar unos típicos bollos de pan de aceite. Allí podemos admirarla cuando cruza en carretela bajo las célebres alamedas del Salón y de la Bomba, entre perpetuos vergeles, o cuando echa pie a tierra y luce su garbo y su elegancia por la alegre Carrera de Genil, frente a la cual sonríen embelesadas las eternas nieves de la vecina Sierra, que parece toca uno con la mano; o bien la encontramos asomada, como una flor más, a un balcón natural de rosas y alelíes, en aquellos cármenes escalonados por las laderas de todas las colinas, desde cuyas alturas corren, triscan y saltan mil arroyos bullidores, como otros tantos duendes que minan los cerros, las calles y las casas de la ciudad, creando pensiles en todas partes. Allí podemos acompañarla, finalmente, en su constante peregrinación artística, subiendo por la Cuesta de los Molinos, por las Vistillas de los Ángeles por el Campo del Príncipe y por la Cuesta de San Cecilio, a buscar los sublimes panoramas que se descubren desde los Mártires o desde Torre Bermeja, para ir luego a visitar las maravillas del Palacio encantado de Alhamar el Magnífico, y del aéreo, quimérico Generalife, asilos perdurables de poéticos ensueños... Y en todos estos parajes veremos a aquella mujer, tan sensible y reflexiva, tan amante y soñadora, siempre al través del prisma de colores de una flora inagotable, siempre al son del canto del ruiseñor, siempre oyendo bajo nuestros pies, sobre nuestra cabeza y a nuestro lado, el rumor melancólico del agua, reluciente u oculta, despeñada o juguetona, y siempre entre la magia de los recuerdos históricos, de los primores artísticos, de las tradiciones románticas, de las solemnidades religiosas y del patético gemido que exhala todo lo decadente, todo lo desgraciado, todo lo que pasó... como pasa nuestra vida...

Conque vedla, isí, vedla! ¡Saludad a la Granadina de Granada bajo cualquiera de las formas en que aparece a nuestros ojos!

Ya es la noble, la distinguida, la delicada aristócrata de aquella tierra clásica de lo regio... Ésta va en coche.

Ya es la sílfide que apenas huella la tierra con sus menudos pies; la ideal y la elegante dama o señorita de la clase media, de cultas formas y gentiles pensamientos... ¡Canela pura!

Ya es la graciosa y fina y seria doncella del pueblo, silenciosa y expresiva como las flores con que adorna su reluciente peinado...

Pero siempre halláis la misma mujer exquisita, de fibra superior, de inmaterial belleza que directamente os habla al alma; más insinuante que fascinadora, más a lo Murillo que a lo Ticiano, más de Calderón que de Lope, más de Cleómenes que de Fidias.

Sí; cualquiera que sea su clase, la Granadina resulta siempre aseñorada y sentimental, al propio tiempo que dulce, risueña y recatadamente voluptuosa. No chisporrotea en ella la sangre, como en las andaluzas oficiales de otras comarcas; pero su imaginación, sus nervios, la médula de sus huesos, los suspiros de su boca, son amor y solo amor...

No me preguntéis por las facciones de su cara, ni por las dimensiones de su cuerpo... Allí, como en todas partes, per troppo variar natura e bella... Hay, pues, Granadinas morenas y Granadinas blancas; de pelo negro, de pelo castaño y de pelo rubio; altas y bajas; delgadas y gordas; feas y bonitas. Sépase, empero, que el tipo general y genuino, el arquetipo, el dechado, no es alto y recio como el de la hermosa cariátide vascongada, por ejemplo; ni fresco y amplio como el de las mujeres de Rubens; ni pequeño y pardo como el de las hijas del interior de España: sépase también que las bellas están en Granada en mayoría, y sépase, en fin, que casi todas tienen poco hueso, pie diminuto, provocativo talle, la color algo quebrada, rasgados ojos oscuros y sus indispensables interesantísimas ojeras. Decir que hay más morenas que rubias, fuera ocioso, tratándose de Andalucía; pero su moreno es esclarecido, como el de las legítimas venecianas. Sin embargo, en el Albaicín abunda un tipo hechicero y rarísimo en España: la mujer blanca como la nieve y con el pelo negro como el azabache... ¿Serán descendientes de odaliscas circasianas de los últimos harenes moros?

Pasemos a la parte indumentaria.

La dama de la alta sociedad y la acomodada de la clase media visten como determina mensualmente el figurín de París, ni más ni menos. Excusado es, por consiguiente, buscar nada local, nada típico en su traje... En este punto, ver a una elegante madrileña es ver a una elegante granadina.

La mujer de las clases populares no tiene tampoco traje característico; pero su toilette de gala, aunque poco singular, es bastante graciosa: zapato bajo, negro o color claro; media blanca; vestido entero de percal, casi rayando con el suelo, adornado con uno o más volantes de la misma tela; pequeño delantal negro; un pañolillo de vivos colores, cruzado sobre el pecho, dejando adivinar todas las primorosas líneas del talle; y, finalmente, otro pañuelo de seda, llamado de la India, también muy vistoso, doblado diagonalmente, prendido sobre la cabeza con un alfiler y atado debajo de la barba... Este tocado, merced a ciertos picarescos fruncidos y dobleces, llega a dar al óvalo del rostro un carácter confuso, entre monjil y judaico, de irresistible coquetería..., cuando la interesada es interesante.

Hasta aquí la capital. En los pueblos, el traje de las campesinas varía mucho, pero siempre sobre la base de un jubón negro de anascote. La falda va aparte, y es de coco, indiana o percal. En algunas villas solo las hay de picote listado. De todos modos, la elegancia rural consiste en colgarse cuantos refajos y enaguas se poseen, aunque sean cincuenta.

Las lugareñas de más tono usan mantilla sin velo ni blondas, esto es, una gran tira de franela negra, con anchas franjas de terciopelo.

Las muy pobres, hacia Levante, llevan el mantón doblado en triángulo, pendiente de la cabeza, lo que les ahorra otro pañuelo y les da un aire míseramente africano. En la Alpujarra, las cortijeras se echan sobre la cabeza la saya a guisa de manto, y como la saya está forrada de amarillo, y el refajo es encarnado, ofrecen a distancia, en aquellos ásperos montes, un aspecto interesantísimo. Por último: en varios pueblos las mujeres de todas clases gastan medias negras, a excepción de la hija del sacristán, que usa medias blancas, y a excepción también de las infelices que no tienen medias.

Volviendo a las señoras de las clases acomodadas, y especialmente a las aristócratas, hay que aplicar a sus costumbres externas, o sea a sus hábitos, lo mismo que hemos dicho de su traje: son una repetición exacta de los hábitos de la alta sociedad madrileña. De consiguiente, sus horas, sus gustos, sus esparcimientos, sus modales, sus opiniones sobre todas las cosas que no son del alma, se arreglan al meridiano de París. Y contra toda herejía importante en esta delicada materia las aseguran y garantizan sus frecuentes viajes a la Corte, y alguno que otro a Bayona. Inútil es añadir que cada recién llegada de Francia ejerce una especie de dictadura durante dos o tres meses.

Para la aplicación y ostentación de estas mudables reglas de buen tono, cuentan las elegantes de Granada con bastantes coches propios, con dos teatros, con excelentes modistas, con baños de mar en la cercana costa, con su correspondiente Junta de Damas de Beneficencia y con una deliciosa Rifa de la Inclusa, en público, en una gran tienda de campaña, colocada en el paseo del Salón, durante las famosas fiestas del Corpus; tienda que es una copia en miniatura del Paraíso de Mahoma, por lo que respecta a la hermosura de las huríes que premian allí las buenas acciones de los héroes. La Plaza de Toros funciona pocas veces; pero, cuando funciona, las Granadinas se acuerdan de que son andaluzas, y dejan el pabellón nacional bien puesto. (Ya sabemos que este pabellón es la mantilla blanca.) También he indicado que en Granada hay pocas tertulias que salgan de la órbita de la familia. Tampoco abundan los bailes en estos últimos tiempos. Pero, cuando ocurre lo uno o lo otro, la noble hija del Genil se viste, se prende, se presenta, valsa, polka, habla y escucha con tanto gusto, distinción y gallardía, como aquella ilustre y bella Granadina que se sentaba hace tres años en el que entonces era el primer trono de Europa, hoy arrumbado sillón sin empleo.

Hemos apuntado que la dama principal de Granada subordina todos sus hábitos a la moda francesa, y ahora nos ocurre hacer una excepción muy trascendental, que va incluida en el siguiente inconcuso

Axioma

Todas las Granadinas pelan la pava

Sí, señor; lo mismo la hija del marqués o del conde, que la del médico o del abogado y la del artesano o el campesino, así la doctora en amor de la metrópoli, como la tétrica de la ciudad sedentaria, y la díscola lugareña, todas hablan con el novio por el balcón, por la reja baja, por el tejado, por las rendijas de la puerta, por la tapia del huerto a la luz del Sol, a la de la Luna, a la de los faroles y a ninguna luz; ia la faz de los transeúntes, cuando los padres son gustosos, y de media noche para abajo, entre la una de la madrugada y el amanecer, cuando se opone la familia.

Esta pava clandestina es la pava por excelencia, especialmente en el invierno. Todo duerme en la ciudad de Boabdil, menos la campana de la Vela y las sonoras fuentes de los patios. El alumbrado público se apagó a las doce. Por la calle solo pasan otros novios que van o vuelven. Pegado a una reja que casi linda con el suelo hay un fantasma con capa y hongo Detrás de la reja se columbra una mujer envuelta en inmenso mantón y cubierta su cabeza y rodeada su cara por aquel pañuelo de la India que ya hemos calificado de toca semimonjil, semihebraica. Marquesa o cursi, ama o criada, éste es el uniforme del amor a semejante hora, lo cual sirve luego para echarse el muerto recíprocamente la señorita a la doncella y la doncella a la señorita, en caso de delación. La capa y el hongo del galán contribuyen al equivoco, pues todas las capas y todos los hongos son iguales a media noche.

¿Y qué más? ¡Nada más que pueda decirse con palabras!... ¡Cuando Romeo y Julieta confunden pensamientos y suspiros, y se miran y callan, y tornan luego a su incoherente diálogo, y se repiten lo que ya saben, y se lo vuelven a decir, interrumpiendo el raciocinio con el requiebro, y pasando bruscamente de la pena a la alegría, de la queja al entusiasmo, de la confianza a la duda, de la gratitud a los celos, del «¡Cuánto me quieres!» al «¡Ya no me quieres!» y del «Te quiero, pero no quiero», al «¿Me querrás siempre como ahora?»; cuando sus labios balbucean este monótono, eterno poema del amor, mientras que sus almas están asomadas a sus ojos, mirándose tan intensamente como se miran la mar y el cielo, y confundiéndose como se confunden el silencio y la soledad que los aíslan, hay que llamarse Shakespeare para ser taquígrafo de semejante escena!

Solo diré (pues ésta es la ocasión) que ni la simbólica literatura de Oriente ni el alegórico arte germánico emplearon jamás formas tan figuradas, intención tan remota y sentido tan íntimo como el discurso amatorio de una Granadina. Sobre todo, cuando no está subyugada del todo por la ternura, o cuando los celos le impiden ser expansiva, o cuando teme que la esté oyendo algún profano, la profundidad y viveza de su lenguaje rayan en lo sublime.

¿Quién no la ha oído, y quién no la ha admirado en este último caso, cuando habla con el novio desde alto balcón, en el estío, a la hora de la siesta, advertida de que la está oyendo toda la vecindad detrás de las cortinas de cien salas bajas? ¡Qué disimulo en las frases! ¡Qué insistencia en unos mismos símiles hasta apurar el concepto! ¡Qué dos conversaciones en una sola, la una aparente y pública, la otra de imaginación a imaginación! ¡Cuán lógica y chispeante la primera, en medio de su fatuidad! ¡Cuán grave y apasionada la segunda! ¡Cómo brilla el ingenio en lo que dice! ¡Cómo relampaguea la pasión en lo que quiere decir! ¡Y qué energía de pensamiento, qué riqueza de fantasía para prolongar indefinidamente un exacto paralelismo entre la imagen y la idea, entre el apólogo y la realidad, entre la fábula y la historia!

Pero no hay que confundir esta pava, pelada a gritos, con la que hemos dejado pelando a las altas horas de la noche, libres, juntos y solos, al Romeo y a la Julieta de la reja baja. Aquí desaparece el discreteo; aquí se disputa, como en la balaustrada de Verona, sobre si es la alondra o el ruiseñor el que canta; aquí el éxtasis habla por los dos amantes, mientras que el implacable reloj les va notificando cada hora que transcurre: ¡horas mermadas por la eternidad a su juventud y a su dicha; horas que pueden ser las últimas de sus plácidos coloquios, si la oposición paterna prevalece y la niña se casa con el rico, a pesar de tutear al estudiante; horas descontadas a la esperanza, deudora inmortal del corazón humano, al cual nunca le paga lo que le debe, pero que en cambio es siempre confiada prestamista de los más locos deseos!

Y pues que hemos salido del templo de Cupido por esta imprevista puerta de escape del interés, aprovechemos la coyuntura para manifestar que la provincia de Granada es la tierra de los casamientos desiguales, o sea de los enlaces amorosos entre pobres y ricas, y ricos y pobretonas. De aquí tantas pavas clandestinas. ¡Los padres braman durante el depósito judicial y la Luna de miel; pero los nietos arreglan luego el asunto!

La señorita de familia poco acomodada de la clase media propende a copiar, y copia divinamente, todo lo que hacen la rica y aristócrata, pues ya he dicho que la distinción y el señorío sirven de común denominador a aquellas exquisitas criaturas, cualquiera que sea su condición social. Lo que por fuerza acontece es que la joven de pocos recursos traduce el terciopelo al merino, la blonda al tul, el raso al tafetán, el gro al organdí y la batista a la indiana. Del propio modo, si va poco al teatro, va mucho al Liceo; si no pasea en coche, se sienta en las sillas de la Carrera los domingos, y si nunca estuvo en la ópera, oye tocar con frecuencia a las bandas militares las sublimidades cursis de La Traviata. Porque esta señorita de que ahora hablamos, es aficionadísima a la música, y si llegan sus padres a poder estirar algo la pierna, tiene piano y maestro de canto... Es además muy lectora ¡mucho! y de admirable criterio moral y artístico... Todo lo bello, todo lo elevado encuentra eco en su corazón, así como todo lo patético abundantes lágrimas en sus ojos.

A propósito y entre paréntesis: Aunque la Granadina se guarda mucho de ser liberal, por humilde cuna que haya tenido; aunque es monárquica y religiosa hasta los tuétanos (¿cómo olvidar a los Reyes Católicos?), y apegada, por lo tanto, al antiguo régimen, hace causa común con una revolucionaria, con una conspiradora, que murió en el cadalso por haber bordado cierta bandera constitucional. Comprenderéis que me refiero a la insigne heroína doña Mariana Pineda... ¡En tratándose de la Mariana, las Granadinas no tienen opiniones! Todas la admiran, la compadecen, la lloran y le rinden verdadero culto. ¡Para ellas, aquel trágico suceso es lo único que ha ocurrido en Granada desde la expulsión de los moriscos!... De lo demás no tienen noticia... Ni ¿qué es lo demás?

Las mencionadas damiselas entre merced y señoría son acaso las que más disfrutan de los encantos naturales y artísticos de la moribunda gran ciudad. ¡Por lo mismo que las pobres significan menos en lo presente, se aferran con más ahínco a lo pasado Ellas son, pues, las abonadas a los almuerzos y comidas en las fondas de La Alhambra, donde, dicho sea de paso, se celebra todo lo fausto que acontece en la población: la boda, el casamiento, el bautizo, el grado de licencia, el ascenso, la transacción, el regreso, el desafío frustrado... (Pudiérase decir que La Alhambra es una venerable abuela a quien se notifican todos los contentos y prosperidades de su raza, para alegrar su vejez.) Ellas suben a la Torre de la Vela a contemplar (una vez al año, el 2 de enero, aniversario de la Toma) los cuatro portentosos panoramas cardinales de Granada y sus alrededores. Ellas van en peregrinación al Laurel de la Zubia, de merienda a los cármenes y avellaneras del Sacro Monte, y de campo formal, en tartana, al Fargue, a Huétor del Genil o a la Fuente Grande de Alfacar, verdadera maravilla de la naturaleza. Ellas conocen la antigua corte musulmana y sus deleitables contornos, piedra por piedra, mata por mata, tradición por tradición... ¡y ellas, poseídas íntimamente de aquella nostalgia historial que más atrás analizamos, saben estar en cada punto, hablar y callar a tiempo, comentar la situación con el suspiro y la mirada, y parecen a todas horas, ya a la luz del crepúsculo, ya a la claridad de la Luna, ya al tenue relucir de las estrellas, los genios de las ruinas, las dríadas de los bosques, las náyades de los ríos, las ninfas de los arroyos y las fuentes!

¡Qué bonitas!

La mujer del pueblo es más varia. Tenemos las artesanas, y del pequeño comercio tenemos las labradoras que viven en Albaicín, en las Huertas, en el barrio de San Lázaro y en todos los arrabales; y tenemos la inmensa falange de criadas de aquella población, donde apenas hay criados masculinos.

Todo este personal se reparte en sus días de asueto de la siguiente manera: las de educación más sana y tradicional, se esparcen por las caserías (casas de campo), por los amenos callejones de Gracia, o por los cármenes en que tienen amigas, y allí bailan, juegan, cantan y hablan con los novios. Estos bailes y estos cantos son estrictamente nacionales y casi se reducen al fandango. De donde ¡alguna puñalada por la noche..., y pare usted de contar!

Las sucursales de los bufos madrileños, sucursales a su vez de los bufos parisienses, han desnaturalizado un poco las costumbres del pueblo bajo granadino. Es, por tanto, algo frecuente ver grupos de criadas que acuden a los Campos Elíseos (¡también existe allí este mitológico cielo!) a bailar unas polkas íntimas de todos los demonios y unos estúpidos cancanes, que de tales solo tienen la indecencia...

Apartemos los ojos de aquella desabrida traducción de ajenas ignominias, y sigamos a las honestas menestralas, hortelanas y sirvientas de buena ley, en sus inocentes y animados paseos por los campos, viéndolas rumiar la fruta del tiempo o los frutos secos que les regalan sus galanes, mientras que ellos no perdonan puesto ni ventorrillo (menudean en todas partes) sin refrendar el pasaporte...

¡Complazcámonos, sí, en el manso júbilo y modesta felicidad con que estas desheredadas de la fortuna descansan de una semana de reclusión y de trabajo, y bendigamos las expansiones de su contentadizo corazón, cuando, al caer la tarde, vuelven a sus casas y a sus quehaceres, cogidas de la mano en anchas hileras, cantando en coro sus empresas amorosas, o sea sus clemencias y sus desdenes, como bandadas de pájaros que tornan a sus nidos!...

Hemos salido de la capital. Relativamente a las aldeas, pocas cosas de bulto hay que decir, y para entrar en detalles y poner de relieve los accidentes novelescos de existencias tan rutinarias y monótonas, habría que emplear el microscopio y que escribir un libro entero de fatigoso análisis. Contentémonos, pues, con algunos ligeros rasgos exteriores.

La mujer acomodada de una aldea, la rústica que paga jornales, la alcaldesa de monterilla, no se conmueve ni esparce nunca. Dentro de su casa es una afanada hormiga: en la calle, o cuando recibe la visita de un forastero, no habla sino lo más preciso, no sonríe ni por casualidad, desea perderos de vista, demuestra una misantropía horrorosa. La conciencia de su ignorancia y el más estólido orgullo se combinan monstruosamente para dar este resultado. ¡Depender de semejante mujer como sirviente, o necesitarla por cualquier concepto, basta y sobra para formarse cabal idea de cómo serían los más terribles señores de horca y cuchillo!

La niña de esta casa no habla jamás. Siquiera, la madre tiene que rabiar, que tronar, que rugir de puertas adentro... ¡La hija lleva la modosidad hasta perder la palabra y el movimiento! No anda, se traslada; y no gesticula, no mira, no tose, no ríe, no vuelve la cabeza, aunque detrás de ella tiren cañonazos. ¡Por nada del mundo comería delante de gente!... Esto último, sobre todo, le parece consecuencia precisa de su buena crianza y de su recato inexpugnable.

¡Y las hay realísimas mozas, y que se componen que da gusto!... Pero es ver una imagen vestida. Diríase que existe un armazón de madera, en lugar de un rollo de carne y huesos, debajo de aquella docena de sayas y de aquellos pañuelos estiradísimos...; pañuelos de Lucifer, sujetos al jubón con mil alfileres, a fin de garantir la honestidad contra los cuatro elementos, contra los cinco sentidos y hasta contra un terremoto.

En los cortijos no se pela la pava por la ventana. El novio entra en la cocina, donde están constantemente, en verano como en invierno, todos los de la familia y todos los allegados. Allí se arriman a la cantarera los dos amantes, y medio sentados en los cántaros medio de pie, se dan dos o tres empujones, se sueltan tres o cuatro insultos, se ponen muy contentos y colorados... ¡y a vivir! Lo infinito queda apelmazado dentro de sus almas, y no se desarrolla nunca... Pero toda la palmera está en el dátil, y toda la encina en la bellota; así es que cuando, en un rato de baile, se dicen un requiebro o se endilgan una copla, el madrigal tiene la fuerza de una bala. Y de aquí la densidad de sentimientos de los cantares pastoriles.

(Lo mismo proceden aquellas gentes con los santos de su devoción. El patrono del pueblo es saludado siempre a escopetazos y con espantosos apóstrofes, que pasarían por sacrílegos y blasfemias si no fuesen la concentrada y enérgica expresión de su piedad y de su gratitud, estallidos de unas lágrimas cristalizadas, pedazos que saltan de la mismísima cantera de la fe, como salta la esquirla cuando se rompe el hueso.)

La mencionada niña de vergüenza no responde a derechas a ninguna pregunta, como no sea de sus padres... ¡La desconfianza, ley esencial de su vida, le impide soltar prendas, aunque se trate de saber si es de día o de noche! En cuanto a su pudor, no hay palabras para encarecerlo: raya en absoluto; se espanta como la liebre, o se defiende a bofetadas y a coces... ¡Qué Lucrecia, ni qué ocho cuartos! ¡Más fácil le fuera a Lovelace o a Tenorio sujetar el azogue entre sus dedos que cautivar el albedrío o la cintura de una de estas vírgenes refajonas!

Cuando la campesina se casa, puede decirse que se muere, como muere la flor al cuajar el fruto. Desde aquel día deja de ser joven, de mirarse al espejo o a la fuente, de componerse, de cuidarse... Dos años después es efectivamente vieja.

En lo demás, la Granadina del campo, y singularmente las ricas, son lo mismo que las labradoras de la capital, si bien menos joviales y hasta un poco atrabiliarias. Y no es todo rusticidad, sino que la melancolía general de la provincia raya en ictericia a medida que se aleja uno de la poética Granada. Escasean, pues, las expansiones colectivas, y todavía no tanto en los pueblecillos como en aquellas tristes ciudades subalternas, que tienen algo de Pisa la Morta... Por cierto que, cuando en éstas hay motines, son siempre incumbencia de las mujeres de la clase ínfima, nunca de los hombres. Los hombres, lúgubres y callados, constituyen a lo sumo la reserva.

Y ahora que hablamos de semejantes ciudades, bueno será que, para concluir, busquemos en su seno cierto interesantísimo tipo que desde el exordio os tengo anunciado. Aludo a la emparedada, último ejemplar de esta galería.

Capítulo VI. La Emparedada

Estamos en cualquiera de aquellas ciudades o grandes villas dependientes de Granada que tanto figuran en la historia de su antiguo reino; que conservan bastantes casas solariegas; que son cabeza de partido judicial; que pagan a hacendados forasteros la mitad del trigo que producen; que están llenas de mozalbetes ociosos y aburridos; que agonizan devoradas por las gabelas; que se comunican rara vez con la capital, y cuyo vecindario escogido se reduce a algunos (pocos) ricos terratenientes (gracias a la desamortización), a los administradores de ausentes títulos, a este o aquel arrendatario desahogado, a media docena de prestamistas, a los correspondientes curiales, a varios médicos, abogados y boticarios, a cierto número de comerciantes procedentes de Cataluña o de Santander, a todo el clero preciso, a varios militares en situación pasiva, al jefe de la Guardia civil, al de Carabineros, si la escena es en la costa, a tal o cual mayorazgo sin vínculo, y a tres o cuatro empleados del Gobierno.

Todos ellos representan por igual la aristocracia del vecindario. La clase media se compone de los artesanos, de los rústicos que viven con cierta holgura y de todos los que, pagando alguna contribución directa, jamás usaron sombrero de copa. Constituyen, en fin, la clase baja los jornaleros, los verdaderamente campesinos y todos los indigentes, esto es, lo que en más altas esferas se llama hoy el cuarto estado. Allí solo se cuentan tres estados, por no existir el primero o superior.

La mujer sobresaliente que encontramos dentro de estas aletargadas ciudades; la que resume, a nuestro juicio, el espíritu de sus costumbres y el carácter de su poesía; la que no se parece a ninguna de la capital ni de los campos, es cualquiera de las dos o tres más distinguidas señoritas de la mencionada relativa aristocracia; la hija de tal o cual usurero o espetadísimo señor, montado a la antigua española; la Eugenia Grandet, en fin, de aquellas poblaciones medio agarenas, medio milenarias, tan diferentes de las que riega el Loira.

Y ésta va a ser ahora nuestra gentil protagonista.

Para mejor estudiarla, imaginémonos a un joven enamorado de ella, y llamémosle Fidel.

La deidad, que es una mozárabe de ojos azules, o una mudéjar de ojos negros, triste y descolorida en ambos casos, como planta sin Sol, elegante por naturaleza y por casualidad, y a quien llamaremos Amparo, habita un caserón antiguo, que da nombre a una calle o plazoletilla poco pasajera, donde la hierba campa por su respeto. Este caserón tiene un inmenso portal, un enorme escudo de armas sobre la puerta, grandes balcones con guardapolvos, rejas bajas que no se abren nunca, algunos ventanuchos a un callejón y su correspondiente puerta falsa.

Fidel pasa todos los días un par de veces (y no más, a fin de no avispar a la familia) por la calle o plazuela herbosa (siempre con el notorio motivo de ir a alguna otra parte), y ve la cabeza de la emparedada durante dos segundos, detrás de un determinado cristal de un determinado balcón. Es todo lo que ha podido penetrar (desde hace tres años que principió esta novela) en la vida interior de la joven; todo lo que sabe de su casa, de sus hábitos, de su carácter, de sus gustos, de sus muebles y de cuanto hace, dice y piensa en el resto del día. Vive, pues, el pobre enamorado cavilando en los misterios que guardan aquellas paredes, y envidiando a la criada de Amparo, solo porque oye hablar, porque ve comer, porque ve dormir, porque conoce al dedillo, en suma, a la esfinge de su existencia.

La esfinge sospecha que Fidel la ama, y a ella no le disgusta Fidel, el cual, tan apasionado se halla, que ni siquiera admite la posibilidad de su dicha. Fidel no le ha hablado nunca; pero la saluda con los ojos cuando la ve sola detrás del cristal, y ella le contesta del mismo modo... (Él cree que por pura cortesía.)

Ella sabe bien cómo se llaman él y toda su parentela: los padres de ambos son íntimos amigos, y hasta creemos que se hablan de tú. Él sabe de ella lo mismo (lo que sabe el padrón), y hasta podríamos jurar que conversa en la plaza con su padre y que tutea a sus hermanos. Sin embargo, ella es para él un ser diferente de todos los nacidos. Ella es fantástica, inmortal, divina, superior a su padre y a su madre. A éstos les tiembla, es verdad; pero los desprecia soberanamente. ¡Y sus hermanitos son unos bárbaros, pues que la tratan como a una igual! ¡Él los envidia, les adula y los detesta!

Pero vamos al asunto. «¿Cómo hablarle?» —se preguntaba continuamente Fidel.

En casas como la de Amparo no se concibe la visita de un mozuelo. (Los árabes dejaron establecida jurisprudencia.) Allí solo entra alguna señora de cumplido, a las doce del día, los domingos y fiestas de guardar. Los caballeros, en la calle, se tratan con llaneza, ¡con demasiada llaneza! Pero a las señoras se las trata, y ellas se tratan entre sí, con cancilleresca ceremonia.

Escribirle... fuera jugar el todo... por la nada, y además una impertinencia de marca mayor.

La criada... sería contraproducentem.

—«¡Presentado!...» —dirá algún madrileño—. ¿Qué es presentar donde todos se conocen?

¡El padre de Amparo le tutea a Fidel, sin necesidad de presentaciones! ¡Ya se guardará el rapaz de meterse en semejantes dibujos!

Por otra parte, ella no sale nunca sino a misa de diez, y eso... con su mamá, que es mucho más austera que su papá. Pero, en fin, va a misa...

—«¡Oh, sublimidad del Catolicismo! —piensa Fidel—. ¡Merced a sus leyes, puedo verla media hora seguida todos los días de precepto! ¿Por qué los habrán reducido últimamente?»

Sí; la ve durante treinta minutos; pero ¿cómo la ve? A media luz, con un espeso velo echado sobre el rostro, de perfil, de rodillas, con los ojos clavados en el libro...

¡Pícaro velo! ¡Pobres rodillas de su alma!

A la salida y a la entrada, cruza Amparo delante de él, sin mirarlo, sin mirar a nadie, mirando al suelo.

¡Yo respondo de que sabe que su adorado está allí, y de que, a hurtadillas, lo ha medido de pies a cabeza!

Él se figura que no...

¡Como que está enamorado!

Un día de procesión la ha tenido Fidel enfrente de sus ojos, durante tres horas, en el balcón de unas amigas, emancipada, sin velo, en cuerpo gentil, vestida de claro, movible, contenta, sonriente... ¡Qué transfiguración! ¡Qué liberalidad! ¡Qué tesoros! ¡Qué delicia!

Una vez, en la feria, se encontraron en una platería improvisada, y la oyó hablar de diamantes, perlas y rubíes... ¡Qué voz! ¡Cuán diferente de todas las humanas! Ni ¿de qué otra cosa podría hablar más que de joyas aquella inmortal princesa?

(En esto tenía razón.)

Finalmente, una noche volvía la joven de casa de una parienta enferma, con uno de sus insolentes hermanos.

Fidel los siguió en silencio muchas calles, embozado hasta los ojos.

¡Y con qué emoción! Amparo, en las tinieblas, le parecía suya... La luz determina las distancias. Las sombras confunden los objetos... La vista entonces tiene algo de tacto.

De resultas de esta emoción, Fidel pasó muchas noches entregado al placer de estar a oscuras.

Su adorada, entretanto, borda o lee, reza el rosario con sus padres, hace flores, hace dulces, hace novenas...; pero todo maquinalmente. Ciertas noches, de tiempo inmemorial, van a su casa unas solteronas a acompañar a su madre, que no lee otro periódico que el que ellas constituyen por sí propias. Amparo, fingiéndose distraída, no pierde coma, a ver si oye decir algo que tenga relación con el hijo de don Eusebio (que es Fidel). Óigalo o no lo oiga, resulta que de la conversación de aquellas mujeres; del tumulto de cosas humanas que percibe en las novedades que ellas cuentan; de las ideas de pasión, de combate, de felicidad, de leyes naturales y leyes escritas que estas novedades siembran en su alma; de lo que le mandan y vedan las obras místicas que lee; de lo que dicen con su mudo lenguaje las flores, los pájaros, los céfiros, el Sol, la Luna y hasta las tímidas estrellas, va formándose en el corazón de Amparo un mundo armónico y fulgente, lleno del sentimiento universal, lanzado en órbitas mucho más amplias, libres y luminosas que el mundo de las cuatro paredes de su encierro, y henchido de un concepto misterioso que canta incesantemente esta oda en una sola frase: «¡Fidel mío!»

Y así pasan años como eternidades, y así se forman almas y caracteres que son verdaderos abismos de disimulo, verdaderos infiernos de pasión reconcentrada, o verdaderos eriales de ilusiones desvanecidas.

Pues imaginad ahora que llega un momento en que el demonio, las solteronas, una prima fea o un sobrinillo amable, llevan medio recado, y se concierta una cita, y se abre a media noche cualquiera de los ventanuchos del callejón, o se utiliza como locutorio el ojo de la llave de la puerta falsa...

¡Poema seguro por lo pronto! ¡Edgardo y Lucía en escena! ¡Qué dúo, qué idilio, qué eternos esponsales de dos vidas!

Luego viene el drama... y termina en tragedia o en comedia: esto es, en el Cementerio para alguien, o en la Vicaría para los dos enamorados.

Supongamos esto último: se casan. ¡Adiós, mundo! ¡Adiós, calle! ¡Adiós, balcón! ¡Adiós, todo! Amparo ha desaparecido.

Sin embargo, esta casada de la ciudad no se marchita físicamente como la de la aldea...

«¡Ojalá! (dirá aquí la musa romántica). ¡Cuántas terribles pasiones a lo Werther habría menos en el mundo!»

La casada de la ciudad sigue siendo joven y hermosa; pero las rejas del claustro doméstico se cerraron detrás de ella cuando regresó del templo. Amparo ha tomado el velo de desposada: ha dejado moralmente de estar viva: es profesa del hogar. Ya no se la verá nunca, como no sea algún Jueves Santo... Las cortinillas de sus balcones no se alzarán en lo sucesivo. Irá a misa, es cierto; pero al amanecer, hora en que los héroes de Goethe no se han levantado todavía... ¡Y nada más, nada más!

Pues supongamos que Amparo no se ha casado con Fidel..., sino con otro, a gusto exclusivo de los padres tiranos... La musa romántica se apodera entonces por completo de la acción. Ya no se trata de Werther y Carlota: ya se trata de Francesca y de Paolo. Pero de una Francesca a quien Paolo no ve sino en sueños; de un poema de dos amores sin esperanza; el amor de él y el amor de ella, separados siempre y siempre paralelos, como dos ríos que cruzan a todo lo largo un mismo valle de lágrimas, sin mezclar nunca sus corrientes.

No: Fidel no buscará a la emparedada; ni, si la buscara, la encontraría; ni, si la encontrase por acaso, la Francesca del reino de Granada sería tan melodramática como la de Rimini. El recato de Amparo llega hasta el martirio. ¡Ha aceptado el cáliz de amargura, y no hay miedo de que aparte de él sus ojos ni sus labios! Fidel no lo ignora: Amparo está enterrada en vida.

Réstame añadir que esta reclusión absoluta de las Amparos no es una imposición de sus maridos. Es un retraimiento espontáneo de ellas mismas, resultancia compleja de temores, tedios, desdenes, fierezas y misticismos, propios de aquella melancólica y mordaz sociedad, y acaso también reminiscencia inconsciente de las costumbres mahometanas.

Y vean ustedes cómo, por medio de ficciones novelescas y de caprichosos artificios, hemos venido insensiblemente a saber cuál es, sobre poco más o menos, la existencia de todas las señoras y señoritas de una de esas ciudades... La casa, la familia, la iglesia, y alguna vez el campo: he aquí su universo.

Por ferias o por pascuas suele ir una compañía de cómicos de la legua, o de titiriteros a pie o a caballo. Entonces oye uno tutearse en las lunetas, sin previo aviso, a dos personas de distinto sexo que no se han hablado desde que se arañaban, al salir él de la escuela y ella de la amiga; esto es, cuando tenían siete años. Nadie diría que llevan veinte o veinticinco de adorarse y de desearse en silencio.

Alguna vez, de resultas de cosas que pasan en el mundo (el mundo son las luchas políticas de Madrid), entra tropa en aquel pueblo; y, si se detiene dos o tres días y lleva banda de música, todos los amadores se conciertan, abren una suscripción, van en legacía a convidar a las muchachas por conducto de sus madres, y a las madres con pretexto de las muchachas, y dan un baile de etiqueta en el Hôtel de Ville, al cual asisten todas o casi todas las emparedadas solteras y no solteras. Esta noche se señala con piedra blanca en la historia de muchos corazones... ¡Lustros pasan luego haciéndose mención o memoria del baile, principio o fin de muchas novelas íntimas!

De lo que en semejantes poblaciones significa una forastera; del efecto que produce en la imaginación de los galanes; del perjuicio que por de pronto ocasiona a las damas indígenas; de las venganzas que éstas toman cuando aquélla pierde el prestigio de la novedad y de la extrañeza o se marcha bendita de Dios (que es la frase sacramental), puede formarse juicio fácilmente, considerando el fastidio que la monotonía engendra en una juventud ociosa; fastidio que acaba por oxidar y ennegrecer los espíritus más brillantes. La forastera es un relámpago que les habla de la tempestad de acontecimientos y de poesía que brama en las inmensidades del siglo; y ellos, los Napoleones encerrados en una Santa Elena previa, ven a su luz fosfórica surgir en el desierto océano de su vida todas las Atlántidas del deseo.

Considerad, pues, cuánto padecerá la emparedada, cualquiera que haya sido su destino (háyase casado a su gusto o al de sus padres, o esté moza todavía), al saber, por las dos susodichas solteronas, o por la superviviente, si una murió, que Fidel le pone los ojos tiernos a la forastera; cosa que hacen casi todos los Fideles, sin perjuicio de su perdurable amor a las Amparos.

Yo corto aquí esta novela-proteo, que sería infinita; como son infinitos todos los sentimientos que se fermentan en almas solitarias, ora entre las cuatro paredes de una celda, ora dentro de los ruinosos muros de estas ciudades que pudiéramos denominar cementerios de vivos.

Por lo demás, en esos cementerios, donde la dulce tradición y la mansa rutina, hijas de la incomunicación material y de la apatía moral, hacen de cada cuerpo ambulante un féretro semoviente en que va amortajado un espíritu; allí, donde la mayor parte de las personas de suposición viven todavía, respecto de la moderna mancomunidad social europea, en un apartamiento más esquivo que el que ya han abandonado los mismos japoneses; allí, donde hay horas, días, sitios, alimentos, frases, ropas, tristezas y alegrías de rúbrica, de rigor, de cajón, de ene y de tablilla...; allí (creedme) es donde deben estudiarse las costumbres particulares de cada región de la Península, para compararlas entre sí, y donde encontraremos que la mujer ocupa aún, en todas las tierras que son o que fueron España, el trono de flores a que la elevaron sucesivamente el Cristianismo, redimiéndola; el galante islamismo ibérico, deificándola..., y los hijos de Andalucía, sobre todo, combatiendo en primera línea la ley Sálica, a fuer de pertinaces mujeriegos.

Pero (ocasión es ya de decirlo, y de decirlo muy seriamente para concluir) el imperio que las españolas ejercen sobre los hombres desde ese trono amasado con requiebros, serenatas, puñaladas y suspiros, tiene más de aparato pontifical que de íntimos y substanciales atributos; y bueno sería que los españoles procurásemos que nuestras hembras, tan superiores a todas las del mapa por su dignidad moral, por la intensidad de sus sentimientos por la autenticidad de sus pasiones y por la viveza y la gracia de su imaginación, no se dejasen aventajar, como se ven aventajadas hoy, por las inglesas, las alemanas, y hasta las francesas, en ciertas condiciones accidentales o adventicias, referentes a la exterioridad de su espíritu, a su manera objetiva de vivir y a su influencia civilizadora.

Porque (no lo neguemos) culpa nuestra es, culpa de nosotros, padres, amantes y maridos, todo lo que hay de inculto y opaco, de sordo y de baldío en la superficie social (permitidme esta perífrasis) de casi todas las mujeres españolas. Si más exigiéramos, desde que nacen, de las compañeras de nuestra vida; si más reparásemos luego en la parte inmaterial de su naturaleza; si fuera más desinteresada la idolatría que nos inspiran; si nos respetásemos más a nosotros mismos y las respetásemos más a ellas en nuestros modales y discursos dentro del hogar; si les diéramos una importancia más grave y positiva que la que negligentemente y con intermitencia les damos, porque haya paz, o por servilismo amatorio, la vida externa de las españolas correspondería a la superioridad sin rival de la vida de su espíritu.

Y todo esto tendremos que hacer los varones en España, si queremos librarnos de la peste de que nuestras hijas o nuestras nietas den en la gracia de rehabilitarse y perfeccionarse por sí mismas, al tenor de los pavorosos procedimientos empleados ya hoy en varios países por algunos sabihondos marimachos, vulgo marisabidillas, justamente indignadas de que siga siendo cierto aquel dicho de un filósofo: «Las mujeres nos deben la mayor parte de sus defectos: nosotros les debemos la mayor parte de nuestras cualidades».

Capítulo VII. Conclusión y resumen
He concluido; pero, por si algo se me ha olvidado de lo que ofrece la portada de estas monografías, creo oportuno evacuar ahora mi informe, de una manera oficial, por medio del siguiente estado, ratificación y resumen de todo lo que queda dicho:

De Madrid a Santander

I

Salí de Madrid, mi querido Pepe, del modo y manera que sabes; empingorotado en el cupé de la Diligencia de Valladolid, con menos que mediana salud, a las seis de una caliente mañana de agosto, no muy provisto de metales preciosos, en busca de aire y de agua, dos artículos de primera necesidad que escasean en la Corte de las Españas; con los bolsillos llenos de melocotones y naranjas, que tú me diste, y en la amable compañía de mi bastón, mi paraguas y mí saco de noche.

El viaje desde Madrid a Valladolid fue una especie de índice del de la Reina y sus ministros, cuyas pisadas venía siguiendo, a cuatro días de distancia, mi humilde humanidad; lo cual quiere decir que iba hallando a mi paso iluminaciones... apagadas, arcos de triunfo... por el suelo, y algún que otro músico desbandado, que tornaba a los patrios lares con su serpentón a la espalda.

La Corte, desandando la Historia de España hasta llegar a su cuna, y yo, dirigiéndome a Valladolid para luego girar hacia estos montes sin historia conocida, hemos atravesado, pues, el país clásico de los Infanzones de Castilla, la tierra que pisaron los condes, los reyes y los Caballeros, el lugar de mil batallas portentosas y de treinta Cortes que hoy son pobres y oscuras villas.

Ya, antes, al trepar al Guadarrama, tumba de hielo en que Felipe II se escondió en vida, cerrando el libro de la epopeya española, había yo meditado largamente... El Guadarrama, o sea el Monasterio de El Escorial, cuya triste mole descubrí a lo lejos, es una losa fúnebre colocada sobre nuestro pasado de gloria. No parece sino que el gran Misántropo presintió la ruina del imperio de Carlos V, y levantó un padrón mortuorio en conmemoración de la grandeza de España. En adelante los Carlos de Austria se llamarían Carlos II, los Felipes, Felipe IV, et sic de caeteris.

Pasé por Olmedo, donde hace cuatro siglos se dieron dos batallas, la una en 1445, la otra en 1466.

En la primera resultó don Álvaro de Luna herido en una pierna... y Maestre de Santiago. Allí ganaron también don Juan Pacheco el marquesado de Villena, y don Íñigo López de Mendoza el de Santillana. ireyes, Grandes y poetas combatieron pecho a pecho y brazo a brazo; triunfó Castilla, y cubrióse (dicen) de gloria el infante don Enrique, más tarde llamado Enrique IV el Impotente!

En la segunda, el honor de Castilla fue vulnerado por vencidos y vencedores, por los nobles y por el rey, demostrándose así con el testimonio de la Historia, que cuando los reyes no representan las aspiraciones de sus pueblos, hasta el laurel se convierte en sus manos en fúnebre sauce.

Pero dejemos la Historia, por respetos a la ley de imprenta que nos rige.

De Madrid a Valladolid hay treinta y cuatro leguas y pico, que se andan en veintitrés horas. Llegué, pues, a las cinco de la mañana a la ciudad de don Álvaro de Luna.

II

Ya allí el calor era soportable, el aire elástico, la vegetación risueña. Había un río surcado por lanchas y cuajado de bañistas; había espesas arboledas; hermosas Casas de Baños, y un paseo llamado las Moreras (donde estudié, la tarde de un domingo, el mujerío vallisoletano), y había un Campo Grande, paseo nocturno mucho más extenso que el Prado de esa Villa y Corte.

Todos pronostican a Valladolid un porvenir muy lisonjero. El ferrocarril, que llama ya a sus puertas, desarrollará los elementos de riqueza que posee de muy antiguo aquel país, juntamente industrial, ganadero y agrícola. En la actualidad tiene fábricas de papel continuo, de tejidos, de pan, de productos químicos, de harina, de calderería, de cerveza, de curtidos, de botones, de cola, de chocolate, de loza fina, de telas metálicas, de fundición, de cintas, de pasamanería, de platería, de herrería... Muchas de estas cosas en pequeña escala; pero con grandes condiciones de vida y prosperidad.

En cuanto a bellezas artísticas, a monumentos históricos, a glorias nacionales, Valladolid es, como si dijéramos, la Sevilla del Norte.

Visité la Catedral, o, por mejor decir, el fragmento de ella que hay construido; pero, estudiando los planos y proyectos de Juan de Herrera, que guarda el Cabildo, comprendí que si el grande arquitecto no hubiese abandonado esta obra por la de El Escorial, España tendría hoy un templo del Renacimiento digno de figurar al lado de San Pedro de Roma. En las proporciones a que ha quedado reducida, todavía la Catedral vallisoletana impone al alma su ruda y solemne magnitud... Parece un elefante de piedra, una pagoda índica, una montaña ahuecada. Todas las profanaciones que legó a este grandioso edificio el malhadado Churriguera desaparecen y quedan enterradas bajo la noble gentileza de aquella fachada dórica, tan pura y colosal, y de aquellas naves corintias, cuyas pilastras equivalen a otros tantos monumentos.

Pero mi carta no tendría fin si hubiese de enumerarte, no digo describirte, todo lo que el artista y el poeta encuentran en esa inmensa necrópole de nuestra historia que se llama Valladolid. No diré, pues, más que lo principal.

Vi el Convento de San Pablo con su fachada gótica de filigrana, y el contiguo de San Gregorio, más famoso que de mi agrado. Aquel tour de force de reducir a ojivas, doseletes y columnas, los caprichosos giros de una vegetación extravagante, parecióme pueril y necio. Reconozco el artificio, la rareza, la originalidad; pero niego el arte, la poesía, la propiedad, la belleza. Prefiero, pues, la fachada de San Pablo.

Pasé por el Ochavo, lugar del suplicio de don Álvaro de Luna. Hace poco tiempo había visto sus cenizas en la Catedral de Toledo, y aún tenía que ver su Palacio convertido en casa de locos, y la Iglesia de Ajusticiados (San Andrés), en que depositaron, todavía caliente, su ensangrentado cuerpo.

Templos contemporáneos de Peroansúrez, de doña Urraca y de Alonso el Sabio; esculturas de Pompeyo y Leoni, de Gregorio Hernández, de Jordán, de Juan Juni, de Felipe Gil y de Gaspar Becerra, todo pasó ante mis ojos en rápida confusión... En, el Museo de Pinturas vi tres cuadros atribuidos a Rubens, uno de ellos hermosísimo, que llaman la Virgen de Fuensaldaña, y representa el poético instante de la Asunción de María. Estos tres cuadros nos fueron robados por los franceses en 1808; pero los españoles los reconquistamos con las armas en la mano en el ataque de Vitoria.

Recuerdo además un Bodegón, de Velázquez; una Santa María Egipciaca, de Rivera; una Cena, de Vinci; una Cabeza de San Francisco, y un San Pedro Advíncula, del dicho Rivera; nueve cuadros de la Vida de la Virgen, de Lucas Jordán..., y, en fin, una multitud de lienzos notables, si no de primer orden, de Palomino, Zurbarán, Murillo, Vandik, Rubens, Valentín Díaz, etc. El que no puedo menos de citar nominátim es una Magdalena de Correggio, digna de figurar entre las primeras obras de este inmortal artista.

Algo más despacio visité el Palacio de Felipe II, o bien la que era morada principal de los reyes de España cuando el melancólico hijo de Carlos V tuvo la humorada de hacer a Madrid capital de sus Reinos. No vale mucho por dentro ni por fuera aquel vasto edificio; pero contiene pormenores preciosos y recuerdos interesantes... Entre los pormenores, citaré los bustos de medio relieve de Berruguete, que adornan el patio interior, y, entre los recuerdos, el haberse alojado allí Napoleón el Grande cuando vino a nuestra tierra a empequeñecerse.

Con todo lo cual, y haber recorrido salones en que se habían celebrado Cortes y Concilios; casas particulares que fueron palacios de reyes; Alcázares convertidos en conventos; la casa de Alonso Pérez de Vivero (ahora cárcel pública); el Palenque de mil torneos, antiguo Campo de la Verdad, hoy Campo Grande, donde murió un Carvajal a manos de don Pedro Benavides, siendo juez del combate el mismo Fernando IV el Emplazado, salí de Valladolid después de tres días inolvidables, a las tres de la tarde del 9 de agosto, víspera de San Lorenzo.

III

De Valladolid a Palencia hay nueve leguas... Corren paralelamente este trayecto la carretera, el canal de Castilla, el ferrocarril de Isabel II, el Telégrafo eléctrico y el río Pisuerga. Estas cinco vías se acercan unas a otras hasta el punto de hallarse unidas en algunos sitios dentro de cien varas de anchura.

En un lado divisé el castillo de Dueñas, donde se verificó el casamiento de doña Juana la Loca; en otro el castillo de Tariego, al que se acogió el rey don Ramiro después de una derrota; allá Torquemada, cuna de Zorrilla; acá el pueblo de Baños, donde los tomaba el rey Recesvinto; por una parte, fábricas de harinas, también históricas, como que fueron teatro de los famosos incendios de 1856; por otra, los productivos campos de Castilla la Vieja, que se parecen al carácter de sus habitantes en que, sin galas ni lujo de expresión, dan lo que prometen y es una verdad lo que producen.

Cerca de la confluencia del río Carrión con el Pisuerga hállase un Monasterio de Agustinos, en el que solo queda con vida una campana. Rodéanlo dos o tres casas de pobrísima apariencia, y todo ello se llama Ventas de San

Isidro de Dueñas. No lejos de Venta de Baños dicen que hay una Capilla bizantina, del tiempo de Recesvinto.

En estas Ventas se juntarán con el tiempo varios ferrocarriles. Por consiguiente, allí habrá algún día un pueblo que empezará por una fonda, un hospital y una estación, se aumentará con una cárcel y un café, llegará a tener su mercado y su iglesia, aspirará luego a teatro y plaza de toros, y concluirá por reclamar su alcalde corregidor...

Pensando así, iba yo dejando a la izquierda el riquísimo Monte de Palencia, cedido por doña Urraca a los pobres de esta Ciudad, quienes ciertos días del año tienen todavía derecho a cortar todo lo que pueden llevarse a cuestas... ¡Y habrá quien se atreva a desamortizar aquel terreno!... ¿Cuándo cesará la imprudentísima campaña de la clase media contra la clase pobre?

IV

Desde que se entra en la provincia de Palencia el suelo se quebranta y empieza a rizarse en valles y colinas. Las llanuras castellanas se accidentan, que diría un francés. Todo anuncia la proximidad de las grandes montañas cantábricas.

Cerca de anochecer llegué a la antiquísima ciudad de Palencia, cuya calle Mayor pudiera compararse en longitud —ya que ni por asomo en hermosura— a la calle de Rivoli de París. Toda es de columnas y pilastras, que forman soportales de forma irregular. Pasarán de mil estos informes, pilares de piedra que sostienen viejísimas casas cargadas de escudos heráldicos.

Pero ¡ay! por dondequiera que voy, veo caerse a pedazos las más antiguas ciudades... El prurito de derribar para ensanchar o reedificar, que se ha apoderado de Madrid, trasciende ya a las más apartadas y sedentarias villas... Mucho ganará en ello, no la higiene, sino el ornato público, pero mucho perderán el arte, la historia y la poesía... Dígolo, porque, en medio de aquellos nobles caserones de Palencia, están ya levantando algunas jaulas de cinco pisos, para diez familias y al estilo francés, que ponen espanto a los extravagantes como yo, enamorados de lo viejo, tradicional y castizo, y sobre todo de la libertad y la holgura.

—Pero es el caso que los edificios viejos llegarían a hundirse y a aplastar a sus moradores... —me observará alguno que presuma de lógico.

—¡Pues reedifiquémoslos a la española, sin economizar tanto el terreno! ¡Viva cada cual en una casa, y Dios en la de todos! —contesto yo, sin miedo a las excomuniones de esos cursis, que creen que todo lo extranjero es mejor que lo de España.

En Palencia permanecí dos horas; de modo, que solo vi la Catedral. Estaba ya cerrada; pero pude admirar desde luego su gracioso conjunto, que es una especie de fortificación como la de Almería, con dos fachadas del más puro estilo gótico.

Ya me retiraba, muy pesaroso de no haberla visto por dentro, cuando divisé al sacristán, que abría un postigo y penetraba en el templo.

Entré en pos de él, mal de su grado (disgusto que se le pasó bien pronto), y perdíme por las oscuras naves de la espaciosa iglesia, que ya sabrás es uno de los más hermosos templos góticos de España, bien que muy por debajo de las catedrales de Sevilla, Toledo y Burgos.

He dicho que estaba anocheciendo. De las altísimas ojivas caían largos crespones de sombra. Solo por la parte del trascoro, que mira a Poniente, los calados rosetones dejaban penetrar alguna claridad melancólica... ¡No sé qué religiosa tristeza inundó mi corazón!

Allá, a lo lejos, distinguí la moribunda luz de una lámpara que ardía detrás del altar mayor. Era la Capilla de los curas, donde yace el cuerpo de doña Urraca de Castilla, como sobre la tumba yace su estatua.

Dijo el sacristán que, cuando en 1828 Fernando VII y la reina Amalia, su esposa, volvían de las Provincias Vascongadas, desearon ver e hicieron descubrir los restos de la ilustre hija de Alfonso VI de Castilla, y que fue de admirar entonces la extraordinaria longitud del esqueleto. ¡Nada menos que nueve palmos debió de tener de estatura la infortunada esposa del Batallador!

Bajé luego a la célebre Cueva de San Antolín o San Antonino, patrón de la ciudad, santuario subterráneo que sirve como de mística base al gran templo que hay encima: admiré después, casi a tientas, o sea a la luz de uno y otro fósforo (pues la Catedral se había quedado a oscuras y al sacristán se le había apagado y perdido la vela dentro de la cripta), la magnífica sillería del Coro, las verjas y los púlpitos; me defendí a duras penas del mismo sacristán, empeñado en que volviéramos a bajar, con un farol, al tal subterráneo, que parece ser su ojo derecho; alegué, como era cierto y positivo, que tenía hambre, que el reloj marchaba implacablemente, y que la Diligencia seguía su camino a las nueve en punto, y logré, por último, salir de la iglesia y tomar el camino de la fonda, casi receloso de que mi cicerone de medias negras se habría alegrado de que me quedase por toda la vida haciendo penitencia en la Cueva de San Antolín.

Andando por las ya iluminadas calles, hice la observación de que en Palencia son las mujeres mucho más guapas que en otros pueblos de Castilla.

V
Nada puedo decirte de las dieciocho o veinte leguas que hay desde Palencia a Alar; las pasé durmiendo.

¿Qué son hoy, pues, para mí aquellas tierras que cruzó mi cuerpo, en tanto que mi alma viajaba por otra parte, quizás por la Alcarria, quizás por Andalucía? ¡Lo que la vida es para una vieja; lo que nuestras luchas políticas o controversias filosóficas son, verbigracia, para los pastores de la Sierra de Gredos; lo que debió de ser, por ejemplo, para mis amigas las monjas de Ocaña la muerte de lord Byron!... ¡Maldita la cosa!

Diez horas estuve detenido en Alar del rey, almacén de trigo y harinas destinados al tráfico por el Canal de Castilla, y Estación de un ferrocarril que irá a Santander con el tiempo, pero que ahora solo llega a Reinosa...

A las cuatro de la tarde salió al fin un tren para este punto... El tren se componía de tres o cuatro coches, ocupados por diez o doce personas...

Parecía aquello una sombra de ferrocarril... Pero yo me alegré en el alma de hacer aquellas nueve leguas tan solitaria y cómodamente, corriendo de una ventanilla a otra para admirar soberbios paisajes montañosos, en que se veían confundidos árboles, rocas, malezas, viaductos, prados, cabañas, túneles, desmontes, bosques, arroyos, puentes... ¡Todos los encantos de la naturaleza y de la civilización!

Al cabo de dos horas estaba en Reinosa, a las orillas del incipiente Ebro, cerca de los nevados puertos que dan paso a la provincia de Santander... Y allí tomé la Diligencia para la aldea en que escribo estas líneas; aldea que tiene la dicha de no estar en el mapa, pero que no va a librarse por eso de figurar en letras de molde.

VI

Estoy en el valle de Buelna, a orillas del Besaya, en la jurisdicción de Los Corrales, en el corazón de las montañas de Santander.

Imagínate cien casas desparramadas sin concierto a lo largo del valle; es decir, imagínate entre casa y casa todo un prado, y a las veces dos o tres huertas con árboles frutales. He allí la Iglesia, sola en extenso campo, como un monasterio, y rodeada de castaños, nogales e higueras. Las Casas Consistoriales se levantan en remoto paraje pintoresco, donde ya parecía que la aldea había terminado. Aquella otra casa de campo que se ve a lo lejos es la Botica. Aquel cortijo, cercado de portales llenos de vacas, acaso será el Estanco... Pero no extiendas más la vista, que la casa inmediata pertenece ya a otro pueblo. ¿Qué te parecen estas poblaciones, a ti que estás acostumbrado a las apiñadas villas y aldeas andaluzas o castellanas? ¿No te parece mucho más propio para gozar de la vida campestre este caserío diseminado, que aquel colmenar de tristes e insalubres casuchas, donde se vive en forzosa vecindad con la grosería, la estupidez y el desaseo?

Pues sigue oyendo la descripción de mi retiro... Si quieres cazar, a la puerta de tu casa tienes liebres y perdices; en el monte de la derecha, jabalíes y osos... (a los cuales preparamos una batida); en el monte de la izquierda, corzos y venados, que ya han aparecido sobre mi mesa en varios guisos. Si optas por la pesca, el río te brinda con anguilas, truchas y hasta exquisitos salmones. ¿Eres herborizador? Trepemos al monte de Caldas, y encontrarás plantas de todos los climas, inclusos el té y el tabaco. ¿Quieres flores? Paséate por el campo, y la pródiga naturaleza te dará mil variedades de rosas y mirtos silvestres, enredaderas, amapolas, lirios, madreselvas, violetas y jazmines. ¿Deseas frutos? Desde el delicado griñón, que no conoces, hasta la sabrosa pavía, desde la avellana hasta la pera de manteca, y variadas manzanas, ciruelas riquísimas, uvas, membrillos, melocotones, nueces y castañas, todo lo hallarás en sazón. Porque aquí reinan a un mismo tiempo las cuatro estaciones, según que subas o bajes, o que camines al Norte o al Mediodía.

En ciertos sitios escarcha todas las noches; en otros hace calor. Arriba, el viento seca y orea la tierra; abajo, la humedecen constantes rocíos...

Pero la especialidad, la maravilla de este valle es la leche. Que tengas tisis o tengas asma; que Madrid te haya secado la médula de los huesos, o debas al estudio o a la disipación una gran frialdad de estómago... ¡nada te importe! Bebe leche por la mañana, al mediodía y a la noche, recién ordeñada, como la toma el ternero, o trasnochada y cubierta de crema, cocida o cruda, líquida o en requesones o en quesos... ¡Mama a todas horas, te digo, y te nutrirás, te refrescarás, sacudirás todas las ruindades madrileñas, y remudarás tu sangre, tu color, tu vida, todo tu ser!

No creas que exagero: ¡éste es el paraíso! Aquí no quema el Sol; aquí no moja la lluvia... (Es decir, aunque moja, no da reumas ni calambres.) Ahora estamos en agosto, y salgo sin sombrero a las once del día a coger fruta o a matar gorriones, y ni me da un tabardillo ni me duele siquiera la cabeza...

—Ayer he sufrido a pie quieto un aguacero de una hora, buscando en el río el nido de un salmón, un aguacero de una hora, a la orilla del río, y no me he baldado...

¡Oh, sí! La benignidad de este clima es prodigiosa. Todos los elementos pierden aquí su rigor, y todas las bellezas del mundo ofrecen sus encantos... ¡Porque nada falte, hasta puedes ver el mar, solo con subirte al próximo monte de Collados!...

Sin embargo, la mujer, sublimada por el cristianismo a esfera muchas veces superior a la del hombre; la mujer, objeto siempre en nuestra patria del culto de los caballeros, de las trovas de los poetas, de los agasajos de los rondadores nocturnos; la mujer, reina de su casa en Andalucía, lujosa, petimetra y holgazana a expensas del sudor del marido, lleva aquí la parte más dura de los trabajos agrícolas. Ella ara, ella siembra, ella coge, ella guía el carro, guarda las vacas y sufre todos los rigores de la intemperie... Véselas, pues, ajadas, feas, sucias, andrajosas, con el cuévano a la espalda y el niño dentro, encorvadas contra la tierra, sin aliño alguno en su traje ni asomos de tocado, mientras que el hombre se pasea ufano y compuesto, colorado y robusto, ocupado en pescar o en llevar las reses a las ferias...

¡Triste condición la de un pueblo que no rinde culto a la hermosura y donde el amor no se levanta sobre el egoísmo del más fuerte!

El día de san Roque he asistido a las fiestas de Somahoz y regaládome con la música y el baile del país.

La música es una especie de jota menos bulliciosa que las de Aragón y de una melancolía infinita. El baile se distingue por la seriedad y circunspección con que se mueven las parejas.

No hay más instrumento que un pandero.

La copla corre a cargo de una cantora-bastonera, cuyo pulmón es infatigable.

Pues bien: aun en estas horas de expansión y esparcimiento, nótase la frialdad o desdén con que el hombre del campo mira a su compañera. Parece como que el baile es un deber en tales días, un rito sagrado, algo que ya se vio en el mundo antiguo. Ni sonrisas, rendimiento, ni obsequiosos mimos; nada hay en esta danza que se parezca al fandango ni a la jota. Los hombres tienen los ojos fijos en tierra, y las mujeres en el rostro de su señor.

¡Ah! ¡Pobres pasiegas! ¡Cómo me explico ahora el que sus esposos las envíen a Madrid a desempeñar el papel de vacas de leche, convirtiendo la bendición conyugal y sus frutos en un oficio o granjería! ¡Y cuánto siento haber tenido que retratarlas, en conciencia, hace pocas noches, de la cruel manera siguiente, en una epístola que dirigí a nuestro amigo Cruzada!

  Lánguido el Pas las hortalizas riega
  Que cultiva y se come a dos carrillos
  La famosa en Madrid hembra pasiega.
  Viérasla aquí, entre chotos y novillos,
  Arar, sembrar, coger... ¡siempre a la espalda
  El cuévano cargado de chiquillos!...
  O, bailando en los campos de esmeralda,
  Los domingos y fiestas, la hallarías,
  Con las trenzas más largas que la falda,
  Recios los huesos, las miradas frías,
  Y rebosando del corpiño el pecho,

Rica promesa de robustas crías.
Mas ¡oh cálculo vil!... ¡Solo provecho
Buscando en el amor, franco de porte,
Abren a estos gaznápiros el lecho,
Y, sin que el hijo luego les importe,
Anuncian leche fresca en el DIARIO,
A las bellas madrastras de la corte!

Pero volvamos al baile del día de san Roque. Los vascongados que trabajan en el ferrocarril, tocaban la flauta de boj toscamente labrada, haciendo como quien dice rancho aparte, y bailaban a las pasiegas con más donaire y animación. La Luna creciente aparecía ya sobre el ocaso a presidir los patéticos instantes del anochecer. Del río y de la selva brotaba el concierto misterioso con que las aguas, las plantas y los animales daban su adiós al día. Sonaban a lo lejos las esquilas de los ganados y el último tiro del fatigado cazador, mientras que en las cumbres de los montes resplandecía la hoguera de los pastores y modulaba el viento lánguidos sollozos que parecían el lejano murmullo de Madrid...

Pero me dirás: ¿Cuándo llegas a Santander, a la capital de la provincia, al término de tu anunciado viaje?

Llegaré, amigo mío, cuando acabemos el trozo de ferrocarril de Los Corrales a Torrelavega, en que trabajamos sin descanso, por medio de apuestas y de profecías, todos los habitantes de este valle, desde la distinguida familia constructora (inglesa por más señas), hasta mi humilde persona, que ha clavado ya más de una escarpia asentando rails... Conque ten otra semana de paciencia.

VII. Estreno de un ferrocarril. Catástrofe

Ya estábamos a media legua del fin de nuestro viaje de inauguración: acabábamos de entrar en el Valle de Buelna, de regreso de Santander: solo nos faltaban cuatro minutos de marcha por la llanura, para estrechar la mano a los que nos aguardaban ansiosos, con las botellas de Champagne a medio abrir, y celebrar la apertura de esta sección de la vía férrea... Pasábamos sobre el último terraplén —también el último, por haberse concluido aquella misma mañana.

Esta obra tiene por la izquierda (hacia donde caímos) 22 pies de elevación, por la derecha 35, y se alza sobre el río Besaya, formando, como él, una ligera curva.

De pronto, pero no sin que hubiésemos notado ya cierta vacilación en la marcha del tren, como si se balanceasen las traviesas, sentimos una fuerte sacudida de atrás para adelante, seguida de un grito general de horror de las gentes que había en los balcones de los próximos Baños de las Caldas y en las peñas cercanas al ferrocarril...

A este grito contestó otro más espantoso, que lanzamos los del tren al ver que nos faltaba la tierra, que nuestro vagón se inclinaba al abismo, que las maderas crujían, que la locomotora caía despeñada arrastrándonos detrás, envueltos en los materiales del terraplén...

Del ténder y de la locomotora, que iban delante de mí llenos de gente, no se veía ya nada, sino humo, polvo, fuego; agua que corría de la caldera; las ruedas vueltas hacia arriba; las peñas saltando al empuje de la máquina, que aun quería andar después de haber encallado en ellas; algún hombre que se levantaba ensangrentado de debajo de aquellas destrozadas moles, dando alaridos; y nuestro vagón, al cual le tocaba volcar enseguida, y al que le faltaba poco para acabar de dar la vuelta o para saltar en astillas...

Mil muertes nos amenazaron en aquellos cuatro segundos: delante, la caldera, que podía reventar... (no sabíamos que un rail la había atravesado de parte a parte); a un lado, las peñas del abismo que nos aguardaban y nuestro propio vagón que se nos venía encima; detrás, los demás coches, que, al pararse, nos golpeaban con la velocidad adquirida; debajo, el camino que se hundía con nosotros...

Y luego el horror, la pena, el miedo... la compasión por aquellas diez o doce personas que iban delante de mí, y que ya no veía, y que suponía muertas debajo del ténder y de la locomotora... ¡Oh! fueron cuatro segundos..., pero cuatro inmensidades de pensamientos, de recuerdos, de angustias.

Las descripciones leídas de otras desgracias; la muerte imprevista; el mundo que desaparece; la familia; los amigos; el natural arrepentimiento del viaje; las personas que nos esperan; la fiesta frustrada; el instinto que clama por la conservación; el alma que condensa todo su poder, todas sus facultades para el instante supremo, y que, despidiéndose de sí misma, se dice: «Aquí era la muerte...»; todo esto y mil nimiedades que no sé cómo caben en aquella situación extrema, mil ideas frívolas, unidas a otras muy solemnes y graves, la muleta, la mano cortada, lo que será uno sin dientes, la cuestión de la inmortalidad del alma, lo que dirá fulana cuando sepa lo sucedido, cómo llegará la noticia, al hogar paterno, y un punto de conformidad cristiana, y una mirada al cielo, y la tranquilidad más estoica, y el miedo más miserable: todo eso y mucho más, resumido en una idea multiforme, súbita, luminosa, intuitiva, llenaron aquellos cuatro segundos, abreviatura y término de la existencia.

Cuando me vi en salvo, he aquí lo que observé y cómo me di cuenta de todo lo ocurrido en tan poco tiempo.

El terraplén se había hundido hacia la izquierda; la locomotora volcó por allí, encorvando el rail sobre que gravitaba; pero, como marchaba al mismo tiempo que caía, se encontró con el rail siguiente, que atravesó la caldera de parte a parte. Unido esto a que el ingeniero inglés Alfredo Jee, que hacía de maquinista, tuvo tiempo antes de morir de quitar alguna fuerza a la máquina, dio por resultado que la locomotora encalló en las rocas que hay al pie del terraplén, por su parte menos elevada, y se paró, no sin haber dado dos vueltas enteras en el aire y el ténder una.

Nuestro vagón se balanceaba sobre el abismo... ¡Un paso más, y cae también! El siguiente estaba descarrilado; el otro sobre los rails, y el coche de primera tan perfectamente colocado sobre la vía, que las Autoridades y personas de edad que lo ocupaban, no se enteraron desde luego de nuestro peligro, sino que creyeron que nos habíamos parado.

Los que iban en la máquina y en el ténder rodaron por la pendiente movediza del terraplén. ¡Ni ellos mismos saben cómo! Los más afortunados quedaron en pie, y huyeron de la mole que se les venía encima. Los hermanos Jee, que iban delante de todos, cayeron mal, o no tuvieron tiempo de huir, y quedaron debajo de la locomotora, el uno, Alfredo, muerto en el acto, abrasado por toda la lumbre y por el agua hirviente de la máquina, y cogido por una rueda en medio del pecho; y el otro, Morlando, preso entre las piernas de su hermano y una peña, tendido boca abajo, con la cabeza y el pecho fuera de la máquina, pero recibiendo desde la cintura hasta los pies, y especialmente en la pierna derecha, el agua hirviendo de la caldera y el calor del hierro y de los carbones hechos ascuas. Contusos, ligeramente heridos o quemados, estaban otros muchos; pero ninguno de gravedad.

Nuestro dolor al ver muerto al eminente ingeniero Alfredo Jee, y en tan grave situación a su hermano; nuestro asombro al encontrarnos vivos; nuestro reconocimiento a Dios que nos había librado; el terror del pueblo que nos cercaba; los penosos cinco cuartos de hora que se tardó en sacar a Morlando Jee de debajo de la máquina, son cosas que no acertaría a describir...

Mister Morlando Jee vive todavía; pero frío como el granizo y sin esperanza de salvación

El desgraciado murió a la noche siguiente.

Los Corrales (Valle de Buelna), 1858

Mi primer viaje a Toledo
El ferrocarril de Castillejo a Toledo acaba de ser inaugurado, lo cual significa en substancia que la vetusta ciudad imperial se encuentra ya a las puertas de Madrid. De esperar es, por consiguiente, que, pues tan rápido, cómodo y barato resulta hoy el viaje, todos los amantes de la belleza artística y de las glorias patrias vayan sin pérdida de tiempo a admirar con sus propios ojos aquel museo de maravillas.

En el ínterin, si a bien lo tienen, dígnense leer los apuntes que yo he hecho en mi cartera durante los dos días que acabo de pasar en la Roma de nuestra historia; apuntes que, si no son una Guía ni mucho menos, revelan todo el entusiasmo que puede inspirar a un buen español, aficionado a las artes, la noble ciudad tantas veces cantada por Zorrilla.

Toledo es un magnífico álbum arquitectónico, donde cada siglo ha colocado su página de piedra. Verá Toledo es leer a un mismo tiempo la historia de España y la historia de la Arquitectura.

Más ricas en monumentos árabes son Córdoba, Sevilla y Granada, en obras romanas Mérida y Segovia, en góticas los reinos de León y Castilla la Vieja; pero ninguna ciudad como Toledo lo encierra todo; ninguna como ella puede ostentar juntamente grandes obras de todos los tiempos y de todos los períodos del arte. Y consiste en que Toledo es una ciudad diez veces histórica, que diez veces ha resucitado de sus cenizas, que ha puesto en su frente corona sobre corona, llegando al cabo a verse investida de toda la grandeza de la historia patria.

Su fundación, perdida en la noche de la fábula como todo lo épico, es para unos obra de Hércules, para otros se remonta a la fuente de los días auténticos, al pueblo judío. Y lo mismo que la religión y el paganismo se la disputan, ved cómo luchan después todos los invasores de España por engrandecerla...

¡Ah! no todos: que si bien es verdad que los bárbaros del Norte la respetaron hace quince siglos, no es menos cierto que los franceses del siglo XIX quemaron y destruyeron sus alcázares y templos.

De cualquier modo, Toledo ha sido la ciudad bien amada de los siglos. La antigua Carpetania la cuenta entre sus pueblos patriarcales, Roma entre sus colonias, entre sus esclavas los alanos, entre sus reinas los godos. En ella busca amparo el naciente Cristianismo, y los renombrados Concilios toledanos enaltecen su fama en todos los pueblos visitados por los Varones Apostólicos. Asentará en ella luego Rodrigo su corrompida corte, y la avasallarán después los árabes... Pero Toledo no habrá muerto todavía. Aun será corte de los grandes Alfonsos, amparo de los errantes judíos, mansión de Isabel la Católica y Carlos I de España, cuna, en fin, de los primeros albores de libertad en tiempo de las Comunidades de Castilla.

Pues bien: toda esta grandeza, todo este poder, toda esta fortuna están escritos en sus innumerables monumentos. En más de una torre desmantelada, a que sirvieron de cimiento ruinas de la dominación de Roma, hay ventana que fue primero ajimez árabe, después ojiva gótica, luego nicho del Renacimiento, y que hoy es balcón adornado de flores, a que se asoma la hija del campanero. En él veis borrados los junquillos y doseletes; notáis el rastro del arco estalactítico, echáis de ver un resto de friso greco-romano, y acaso encontráis algún extravagante delirio de Churriguera; todo revuelto y remendado, pero todo elocuente y revelador de pasados destinos.

La Catedral, sobre todo, es la urna cineraria de las grandezas españolas. Cada período de civilización ha grabado en ella su nombre: cada generación ha dejado el polvo de sus héroes. Crúzase con melancólico orgullo aquel museo en que todos nuestros artistas han labrado una columna, colgado un cuadro o tallado un santo de madera; donde cada conquistador ha depositado las banderas de su ejército y los trofeos tomados al ejército vencido; donde los reyes han buscado sepultura, así como los poetas y los poderosos; donde uno dejó sus alhajas, otro su librería, éste su espada y su armadura, aquél las obras de su ingenio. Parece la Catedral, considerada de este modo, una matrona antiquísima, una venerable abuela, a la cual cada uno ha contado sus tristezas, confiado sus secretos, legado su gloria, pedido consejo en la desgracia y debido una oración en la hora de la muerte.

Allí duermen Enrique de Trastamara, el rey fratricida; allí los santos y los arzobispos que guerrearon contra los moros; allí los mismos arquitectos que sucesivamente, durante muchos siglos, fueron construyendo la Catedral; allí don Álvaro de Luna, el soberbio enemigo del feudalismo, y don Enrique III el Doliente, y don Juan I, y famosas reinas, y capitanes, y prelados, y damas hermosísimas, que reinaron en famosos torneos; allí están las banderas cogidas a los agarenos en cien batallas, y las perlas y los diamantes acumulados por los judíos, y los frescos de Jordán, y las esculturas de Berruguete, y verjas de cien autores, todas de un mérito asombroso, y mil reliquias, mil exvotos, mil preciosidades auténticas, históricas, paleográficas, artísticas.

Lo repetimos: la Catedral es un museo, un archivo, una biblioteca inmensa, donde el artista, el poeta, el arqueólogo, el historiador, todos los que aman el pasado, encontrarán inagotables tesoros.

Pues si la consideramos ya como edificio, como obra de arquitectura, como templo gótico, ¡qué nuevas maravillas, qué riqueza, qué grandiosidad, qué excelsitud!...

Allí está toda la historia del estilo gótico, desde el godo, anterior a la invasión de los bárbaros, hasta el gracioso y puro del siglo XIII. Allí hay portadas más bellas que las de Nuestra Señora de París y que las elegantísimas de las catedrales de Burgos y Sevilla; allí atrevidas bóvedas, vistosos rosetones, aéreos doseletes, casetones cuajados de estatuas en miniatura, vidrieras de colores que filtran dulcemente la luz del cielo, y mil y mil molduras y archivoltas que entretienen la vista y la imaginación por su interminable variedad.

La primitiva iglesia fue fundada por san Eugenio, y sobre ella bordaron los moros una gran mezquita. Reconquistada la ciudad, san Fernando no quiso que en la Catedral toledana hubiese ni tan siquiera huellas de los infieles, y la destruyó hasta los cimientos, poniendo en aquel mismo sitio la primera piedra del templo actual. Doscientos cincuenta años se tardó en construirlo, y todavía hoy se sigue trabajando en pormenores de ornamentación...

Pero no me es dado proseguir, ni tampoco me queda tiempo de bosquejar, como quisiera, otros monumentos de Toledo... Esta rapidísima reseña ha de publicarse dentro de dos horas, y los cajistas me van quitando de las manos las cuartillas según que las escribo de primera intención.

Dejo, pues, para cuando esté más despacio, suponiendo que llegue a estarlo alguna vez, describir la iglesia y claustro de San Juan de los Reyes... sobre todo el claustro, que parece un jardín de piedra, medio destruido por una tempestad... ¡Ah, franceses! ¿Cómo no morís de bochorno, al pensar que destrozasteis aquellos primores artísticos?

También siento mucho no poder hablar detenidamente del cesáreo Alcázar que sirve como de corona mural a Toledo, pues que se eleva sobre la más alta cumbre de la ciudad. Baste decir que es una obra digna de Carlos V, de Alonso de Covarrubias y de Juan de Herrera. El gran emperador mandó edificarlo en aquel eminente paraje, donde yacía en ruinas el viejo Alcázar que habitaron los grandes Alfonsos...; y es fama que, siempre que bajaba o subía la monumental escalera, se paraba en su gran meseta y decía: «Solo aquí me creo verdaderamente emperador».

En fin: un tomo entero no bastaría para reseñar todo lo que hay que ver en Toledo, desde que se la descubre, escalonada en aquella especie de erguida península, o corpulento promontorio ceñido por el profundo Tajo, y se comienza a subir la áspera cuesta, y se pasa el venerable Puente de Alcántara, y se penetra por la histórica y bellísima Puerta de Visagra, hasta que se recorre aquel dédalo de torcidas calles arábigas, y se baja por el lado opuesto, y se vuelve a salir al campo por el Puente de San Martín. Sinagogas; mezquitas; alminares que sirven de torres a iglesias cristianas;

Puertas tan notables como la del Cambrón, que compendia toda la historia de Toledo, pues en ella han puesto mano Wamba, los moros y Carlos V, ennobleciéndola más y más con cada restauración; ruinas de Palacios tan interesantes, respectivamente, como los que habitaron don Pedro el Cruel y don Enrique de Trastamara; murallas del tiempo de don Rodrigo; el Baño de la Cava; la Capilla mozárabe de la Catedral; la gran Fábrica de Armas, donde se siguen forjando y templando espadas como las que nos valieron tantas victorias en otros días; El Cristo de la Vega de la leyenda de Zorrilla; la romántica Plaza del Zocodover; la Posada de la Sangre, contemporánea de Don Quijote; ¡qué sé yo cuántas cosas me han entusiasmado durante mi estancia en Toledo!...

Citaré únicamente, para concluir, mis últimas emociones en la que llamaré nuestra ciudad eterna.

Había llegado el momento de regresar a Madrid, al mundo de la política y de los negocios...

La tarde era tempestuosa... Negras nubes y remotos truenos amenazaban a los toledanos con una gran tormenta.

Tenía yo resuelto de antemano que mi última visita sería para la Catedral, donde ya había estado lo menos ocho veces en el espacio de dos días... Deseaba despedirme allí solemnemente de TOLEDO.

Mi compañero de viaje y querido amigo el insigne músico don Mariano Vázquez me esperaba en la gran Basílica, enteramente solo, sentado delante del magnífico órgano llamado del Deán, arrancando de su hondo seno solemnes y patéticos gemidos. Tocaba la Marcha fúnebre en la muerte de un héroe, escrita por Beethoven el día que supo que Bonaparte «había descendido hasta el extremo de coronarse emperador». El sacristán se había prestado también a ejercer el oficio que no era el suyo, encargándose de los fuelles...

Las bóvedas de la Catedral temblaban ante aquella tempestad de armonía que lanzaba el poderoso instrumento. Las últimas luces de la tarde penetraban desfallecidas por los calados rosetones, dando fantásticos contornos a las figuras pintadas en los vidrios. Abajo, en el templo, estaba yo solo...

El canto de gloria y de muerte que exhalaba el órgano, ¿caía sobre tantas sepulturas, sobre tanta grandeza desvanecida, sobre tanta soberbia humillada, como un sufragio o como un anatema?... ¡No sé!

Perdido yo en la sombra de aquellas frías y solitarias capillas, creía que el héroe muerto de la composición de Beethoven era el honor español.

A lo lejos me pareció oír las carcajadas de la moderna corte de España, confundidas con las risas de desprecio de los riffeños, de los mexicanos y de los poseedores de Gibraltar. ¡Hasta creí sentir ruido de mejillas abofeteadas, y nuevas risas, y crujidos de huesos que se removían indignados bajo las losas de los sepulcros!

—¡Los extranjeros nos insultan!... —gritaba una voz en los aires...

El órgano había callado. Levanté la frente, y quise huir... Pero ya era de noche, y las tinieblas me rodeaban. Llegó en esto mi amigo, y me sacó de la Catedral.

Una furiosa tormenta estaba descargando sobre Toledo... Pero se acercaba la hora de partida del tren, y tuvimos que salir a escape entre la granizada y el huracán, como almas que lleva el diablo.

Tres horas después me hallaba en el café Suizo de Madrid.

Junio de 1858

El eclipse de Sol de 1860

Doy fe de haberlo visto con mis propios ojos, ayer a 18 de julio, de dos a tres de la tarde, desde las venerandas ruinas de Sagunto, o sea desde lo alto del castillo de Murviedro.

Con este solo fin había salido la víspera de la villa y corte de las Españas en el tren correo. Al pasar por Valencia se me agregaron, según estaba convenido, algunos poetas de las márgenes del Turia, con quienes me liga antigua amistad, y todos juntos llegamos al castillo una hora antes de la anunciada por el Calendario para el comienzo de la gran tragedia celeste.

En aquel histórico lugar, donde comenzaba la zona en que sería totalmente visible la catástrofe, no se hallaba constituida ninguna comisión de astrónomos, armada de instrumentos, con objeto de hacer la autopsia al astro rey luego que muriese... y por eso mismo habíamos determinado mis amigos y yo establecer allí nuestro observatorio poético, ganosos de experimentar en el momento solemne todas las emociones dramáticas y religiosas de la inocencia o de la ignorancia... Estábamos, pues, solos con el coro trágico, y el coro trágico se componía de labriegos del país... ¡De aquellos labriegos que rara vez suben a la antiquísima fortaleza, pero siempre para honra y gloria de España!

Así lo pensaba yo al ver al actual pueblo saguntino subir desde la villa a la ciudadela. Pensaba en el día que sus antepasados subieron por aquellas mismas rampas talladas en la roca, y no volvieron a bajar, sino que perecieron heroica y voluntariamente, dando al héroe cartaginés el más grande espectáculo de patriotismo que registra la historia: o recordaba aquel otro día, casi de nuestro tiempo, en que las tropas de Napoleón se estrellaron una vez y otra contra aquel ruinoso baluarte, guarnecido por un puñado de valientes, que acababan de dejar el arado para subir a defender a costa de su vida el muro viejo (Murviedro).

A la verdad, estas consideraciones históricas eran muy adecuado prólogo al épico suceso que aguardábamos. Todo ello tenía dimensiones homéricas; y como el cielo, la tierra y el mar que se desplegaban ante nuestra vista eran los mismos de hace veintidós siglos, hubo momentos en que perdí toda conciencia del tiempo, o en que confundí lo pasado con lo presente, y aun con lo futuro, que era el eclipse...

A mis pies veía, por una parte, las imponentes ruinas del Anfiteatro romano; por otra, la villa actual; alrededor, una verde llanura poblada de algarrobos, olivos y moreras, y más lejos el azul Mediterráneo, o suaves cordilleras de montañas que delineaban, por decirlo así, un magnífico y resplandeciente horizonte.

El día estaba sereno y caluroso. El Sol inundaba de luz las soledades del espacio, animando y engrandeciendo el vastísimo paisaje. Largos y monótonos zumbidos de cigarras y de otros insectos voladores poblaban el aire de un sordo y soñoliente murmullo, que convidaba a la siesta. Callaban las aves, adormecidas por el calor, y callaban también los hombres, atentos al deicidio que se preparaba en los cielos.

A la izquierda, y precisamente donde empezaban a amontonarse algunas cenicientas nubes, divisábase un rompimiento de la cordillera, que me dijeron daba paso al Desierto de las Palmas. Allí, lo mismo que en otros parajes de la Península, miles de humanos seres, olvidados de las agitaciones y mezquinos intereses de esta vida, estaban como nosotros en expectación del fenómeno celeste; unos llevados de amor a la ciencia, otros de culto a lo maravilloso, quiénes del miedo, quiénes de mera curiosidad.

En lo que a mí toca, yo consideraba en aquel instante al género humano de un modo que no lo había considerado nunca: no ya como una especie privilegiada que cumple estos o aquellos destinos en el mundo; no como actores del gran teatro del universo; no como los personajes principales del largo drama que llamamos Historia, sino únicamente como espectadores alojados en un pequeño planeta, como simples pobladores de nuestro globo, como accidentes de la creación, como testigos de la marcha misteriosa de mil mundos. Las ciencias, la política, la filosofía, los odios, las ambiciones, el amor, la guerra, el infortunio, todo lo que constituye nuestra cotidiana vida, había perdido su interés en aquel momento. Todos los hombres resultaban iguales. Un poder superior, la incontrastable fuerza que rige los orbes, les hacía pensar en cosas más grandes que la sociedad y que la civilización. ¿Qué eran, qué podían ser las potestades humanas, cuando mundos enteros aparecían como frágiles barquillas perdidas, en el infinito espacio, y se les veía navegar a merced del potente soplo que los empuja por sus misteriosos derroteros?

Eran ya las dos..., la hora anunciada y esperada hace tanto tiempo por los astrónomos.

El eclipse había principiado; pero aún no se percibía alteración alguna en la luz del Sol.

A eso de las dos y media empezaron a palidecer las nubes, mientras que el mar se ponía cada vez más sombrío.

La luz del Sol era blanca como la de la Luna, y la sombra de los cuerpos intensamente negra, pero de vagos contornos.

El cielo estaba despejado; la atmósfera diáfana. ¡El Sol se hallaba en el mediodía; y, sin embargo, se aproximaba la noche!

Nuestros semblantes se iban poniendo lívidos... Una claridad fúnebre, que ya no era semejante a la de la Luna, sino a la de la luz eléctrica, alumbraba fantásticamente la ciudad y las ruinas del Anfiteatro.

Las nubes tomaban un color gris como el de la ceniza. El mar continuaba oscureciéndose...

¡Y nada de esto se parecía al anochecer!... Lo imponente era el ver que allá, en las regiones superiores del cielo, seguía siendo de día, mientras que en la infortunada tierra y en su atmósfera cundía la oscuridad. Es decir: ¡que la luz del cielo no llegaba ya a la tierra!

Por lo demás, a la simple vista no se notaba todavía alteración alguna en el disco del Sol. Ciertamente, casi todo él estaba eclipsado; pero el ligero limbo que aún se percibía, irradiaba el suficiente fulgor para ocultar a nuestros débiles ojos la gran sombra que ya amenazaba sepultarlo.

Tenemos, pues, que el Sol reverberaba en el cenit; que el cielo, o sea el espacio a que no alcanzaba la sombra de la Luna, seguía inundado de luz como antes del fenómeno, y que, sin embargo, la noche caía sobre la tierra, súbita, aceleradamente ya, sin gradación ni crepúsculo, como si nuestro planeta hubiese tenido luz propia y un soplo del Hacedor la hubiera apagado repentinamente.

¡En esto —todo lo que ya diga sucedió en menos de un segundo— en esto expira instantáneamente el último fulgor; cambian de aspecto todas las cosas; vense lucir dos estrellas cerca del astro agonizante; levántase un espantoso viento; hace frío; corren las nubes; ennegrécese el mar; camina la sombra a nuestros pies; parece que se desquicia el cielo, como cuando se muda una decoración en el teatro; muere el Sol... y sustitúyele un astro nunca visto, un meteoro fúnebre y grandioso, más bello que todo lo imaginado por el hombre!...

Un grito de terror sale de mil pechos. Las gentes sencillas que nos cercan creen indudablemente que sé acaba el mundo... Pero, al ver que el Sol ha sido reemplazado por aquel fenómeno tan hermoso y sorprendente, nuevo alarde del poder y de la sabiduría del Eterno, prorrumpe en un aplauso, en un viva, en un bravo, en una aclamación frenética y entusiasta...

Este singular y tierno aplauso al Autor de la naturaleza, pone las lágrimas en mis ojos...

El espectáculo de la conjunción eriza los cabellos... El cuadro que me rodea, la hora, el sitio todo contribuye a horrorizarme, a conmoverme, a levantar mi espíritu, a revelarme la inconmensurable grandeza de Dios.

El Gólgota, tal como se le pinta a las tres de la tarde de aquel tremendo y glorioso día en que murió Jesús; el Juicio Final, profetizado por el Apocalipsis, el Diluvio, Pompeya, los terremotos americanos...; yo no sé cuántas y cuán extrañas cosas pasaron por mi imaginación.

Entretanto... ¡qué maravillosa, qué sublime apariencia la de los cielos!

El astro que había sustituido al Sol, diríase que era su catafalco, su iluminado túmulo, su capella ardente. Imaginaos un cielo sombrío, y en medio de él una gran placa negra y de oro, una enorme estrella esmaltada... ¡Yo no sé cómo es lo diga!... Imaginaos el disco de la Luna, negro como el azabache, y en torno suyo una orla de lumbre formada por la irradiación del Sol, que está detrás. De esta orla parten divergentemente cuatro o cinco ráfagas de plata y oro, como los destellos que vemos en las aureolas de los santos góticos. Era, pues, un astro de luto; el cadáver del Sol; la luz vestida de negro. Sol y Luna formaban un solo cuerpo, engendro misterioso que representaba a la vez el día y la noche...

—¡Oh Dios —pensábamos todos en aquel momento—. ¡Cuán infinito es tu poder! ¡Cuántas nuevas maravillas pudieras crear, aun después de haber llenado de ellas tantos mundos! ¡Qué habrá que se iguale a la última de las cosas, si tú pones en ella tu mano augusta!

Poco más de dos minutos, que nunca olvidarán los mortales que han presenciado esta gran tragedia, duró el eclipse total. El pueblo seguía aclamando a Dios, con los brazos alzados al cielo, con las lágrimas en los ojos...

La oscuridad no era tanta que dejásemos de vernos unos a otros... Pero ¡de qué manera! ¡Qué fatídica luz en nuestras frentes! ¡Qué lobreguez en las nubes! ¡Qué aparente movilidad en el suelo que pisábamos!

De pronto cae de aquel extraño fenómeno un borbotón de luz, un río de oro, un torrente de fuego que inunda instantáneamente toda la enlutada atmósfera...

Un nuevo aplauso, un nuevo grito, mil y mil bendiciones a Dios pueblan el espacio.

—¡El Sol! ¡El Sol! —exclamamos todos con amorosa alegría.

Sol ¡Bendito sea Dios! ¡Bendito sea Dios! repetimos, llenos de gratitud y de entusiasmo...

Y hay otro cambio súbito en la naturaleza, y tierra y cielos mudan de color como por encanto, y la mar vuelve a aparecer, y las estrellas se ocultan, y el Sol recobra su soberanía con gran contentamiento de nuestros corazones, apenados un punto al ver vencido tan glorioso y potente astro por el más débil y mezquino de los mil que alimenta y vivifica su bienhechora llama..

Valencia, 1860

Cuadro general de mis viajes por España

I. Explicación previa

Además de la media docena de viajes cuyo relato circunstanciado acabáis de leer, tal y como lo escribí a su debido tiempo, y además también de mi expedición a la Alpujarra, que forma tomo aparte en la presente colección de mis OBRAS, he realizado otras muchísimas correrías, más o menos poéticas, por esta bendita tierra de España, donde me cupo la honra de nacer, y donde, dicho sea entre paréntesis, protesto vivir y morir a uso y estilo de mis difuntos padres, aunque cada día se invente un nuevo Paraíso terrenal al otro lado de los Pirineos... Pero acontece, amigos lectores, que todavía no he tenido ocasión, ni hoy la tengo, de escribir la relación de tales andanzas, y por consiguiente, nada digo en este tomo acerca de Andalucía, Murcia, Valencia, Aragón, Navarra, las Provincias Vascongadas y otros territorios que han sido también objeto de mis peregrinaciones.

Espero en Dios, sin embargo, que algún día podré suplir este hueco, escribiendo una segunda parte de la presente obra, bajo el título de MÁS VIAJES POR ESPAÑA; y, entretanto, voy a trazar aquí una especie de índice o cuadro sinóptico de todos esos mis no escritos viajes, o sea de ese mi futuro libro, como anticipado homenaje de amor a pueblos y regiones que, por más o menos tiempo, fueron teatro de la tragicomedia de mi vida, y también para que ni por un momento resulte que he dejado de agradecer ninguno de los goces y aprovechamientos que plugo a Dios consentirme, durante mi estancia en su finca de recreo llamada La Tierra, o, más bien dicho, durante este incomprensible y rápido viaje que, hasta parados y aun dormidos, estamos siempre haciendo los hombres, desde el misterioso reino que hay antes de la cuna, al no menos misterioso que hay más allá del sepulcro.

Echaréis de menos en el siguiente Cuadro general algunas visitas (que por ningún concepto he debido dejar de hacer antes de morirme) a territorios enteros tan importantes como Cataluña, Asturias y Galicia, y a tal o cual provincia suelta de otros antiguos reinos de España... Pero ¡amigo! me cansé y me casé: la primitiva fuerza centrífuga de mi carácter se convirtió en centrípeta tan luego como tuve casa y hogar; y desde entonces solo he viajado lo puramente indispensable, ya comprometido por algún amigo, o ya a remolque de alguna prosaica obligación. Quiero decir con esto que, llegado a cierta edad o a cierto estado de ánimo, mi antiguo afán de esparcirme, de ver, de ser visto, de correr mundo, de presenciar cuantos sucesos notables ocurrían en mi tiempo (afán que me había llevado a todo linaje de inauguraciones y espectáculos, a ver ajusticiar reos, a la primera Exposición Universal de París, a la guerra de África, a la transfiguración de Italia en un solo Estado, a la zona en que el eclipse total del Sol de 1860 fue visible, etc., etc.), se trocó en una invencible tendencia a recogerme, a concentrarme, a aislarme, a vivir en mi casa, con mi familia y con mis libros, y que, por consiguiente, no pasaron de proyectos infinidad de excursiones que tenía pensado hacer, no solo por el suelo patrio, sino por toda la redondez de la tierra...

Portugal, Egipto, el Cabo de Buena Esperanza, los Santos Lugares, Sumatra, Grecia, México, Laponia..., ¡Qué sé yo cuántas regiones pensaba visitar y había ya estudiado en mapas y libros!... ¡Qué sé yo cuántas curiosidades se me han quedado sin satisfacer y cuántos anhelos sin cumplir, para otra vez que vuelva a este planeta, aunque ello sea el propio día del Juicio Final!... Baste saber que, entre mis planes juveniles, entraba escribir una novela, o más bien cuatro novelas en una, con el título de Los cuatro puntos cardinales, cuyos estudios para la parte del Norte dieron origen a El Final de Norma, Los ojos negros, Un año en Spitzberg y otros escritos míos que tienen por teatro los hielos boreales.

Conque terminemos ya este prólogo o epílogo, y entremos en la enumeración ordenada y cronológica de todas mis caminatas por España.

II. Índice cronológico

1846 y 1847. Viajes en burro de Guadix al marquesado del Cenet en busca de las sombras de los Moriscos;
De Guadix a las grutas estalactíticas de los Baños de Alicún de Ortega,
Y de Guadix a Granada, a graduarme de bachiller en filosofía.

1854. Viaje en galera de Guadix a Almería, en dos jornadas, haciendo noche en Doña María, donde hubo baile. Pintura de Almería y de sus moradores.

Viaje en diligencia de Granada a Málaga. Disertación sobre las antiguas y monumentales diligencias. Málaga y los malagueños.

Viaje en vapor de Málaga a Cádiz, con arribada a Algeciras, por no poder pasar el Estrecho. Disertación contra Gibraltar. Un mes en Cádiz.

Viaje en vapor de Cádiz a Sevilla. Descripción de la llegada a Sevilla por el río, indicada ya en EL FINAL DE NORMA. Entre Sevilla y Triana: meditación en un puente que ya no existe, por habérselo llevado el agua...

Viaje en diligencia de Sevilla a Madrid, con un vistazo de tres horas a Córdoba. Consideraciones acerca del ferrocarril de Madrid a Aranjuez, único que entonces llegaba a la Villa y Corte.

De Madrid a Granada por Jaén, con un tratado sobre la Mancha, Despeñaperros y la Cara de Dios.

Segundo viaje de Granada, a Málaga, por Alhama y Vélez-Málaga, a caballo, haciendo etapas militares de a tres leguas. Complicaciones políticas de aquellos tiempos.

1855. Viaje de Madrid a Segovia. Segovia en invierno. Un mes de vida cenobítica. Visitas nocturnas al Acueducto.

De Madrid a Bayona, en diligencia, por Valladolid, Burgos y las Provincias Vascongadas. Cuatro palabras, como disgresión, acerca de Burdeos, Tours, Orleans, París y su Exposición de 1855.

De Bayona a Madrid, por Elizondo, Pamplona y Soria, en diligencia, con su correspondiente discurso acerca de las ruinas de Numancia.

Nuevo viaje de Madrid a Granada y Guadix, en compañía del cólera-morbo, y de Guadix a Granada y Madrid, en compañía de dos señoritas muy guapas.

De Madrid a Cuenca. Viaje inverosímil, a maldita la cosa, o sin razón ni pretexto alguno, en compañía de tres poetas desocupados. Hermosura especial de Cuenca, donde corrimos peligro de muerte.

1856. De Madrid a Trillo. Conferencias con el Tajo, allí todavía muy joven, y con la Luna, que aquellos días se hallaba en creciente.

Primer viaje a Valencia, por Albacete, yendo en diligencia desde Tembleque hasta Almansa. ¡Alcira! ¡Játiva! ¡Valencia! Quince Viajes matutinos al Grao, a comer melón, remedio infalible contra la ictericia. Recuerdos de Ronconi.

De Valencia a Tembleque, y de Tembleque a Guadix. Historia de una docena de perdices escabechadas. De Guadix a Madrid, en vísperas de Navidad, todo el camino cubierto de nieve...

1858. De Madrid a Alicante, en ferrocarril, con la Corte, cuando S. M. la Reina doña Isabel II inauguró esta línea. Las alicantinas. El bosque de palmeras de El Porquet.

De Alicante a Valencia, por mar, en un buque de guerra. Sinfonías de cañonazos. Del alumbrado que se usa en el mar cuando por él viajan de noche personas Reales.

De Valencia a Madrid, después de haber presenciado en Valencia extraordinarios festejos, inclusas dos Exposiciones de mujeres y una de flores.

De Madrid a Toledo, primer viaje, cuando se inauguró la vía férrea. (Inserto, no completamente, en el presente tomo.) Episodios cómicos de la ceremonia oficial.

Viaje a caballo a todo lo largo del Canal de Isabel II hasta el Pontón de la Oliva, donde conocí al Lozoya en su primitivo estado salvaje. Vuelta a Madrid, pasando por Hiendelaencina, donde bajé a un pozo de no sé cuántos cientos de varas.

Viaje a Santander, haciendo alto en Valladolid y en el Valle de Buelna. (Incluido en el presente volumen, aunque no por entero.) Recuerdos de Onlaneda y Viesgo, y descripción de Santander.

1859. De Madrid a Guadix. Las fiestas del Corpus en Granada. De Guadix a Madrid, en vísperas de la guerra de África. Se declara la guerra.

De Madrid a Málaga, con el Estado Mayor del tercer Cuerpo del Ejército. Siento plaza de soldado. Bailes y fiestas en los altos círculos malagueños.

De Málaga a Ceuta, y de Ceuta al Campamento del Tarajar. (Viajes descritos en mi DIARIO DE UN TESTIGO DE LA GUERRA DE ÁFRICA.)

1860. Del Campamento del Tarajar a Tetuán, pasando por Castillejos, Río Azmir, Cabo Negro, Fuerte-Martín, Guad-el-Gelú y los Campamentos moros. (Referencias al susodicho DIARIO.)

Marzo. De Tetuán a Cádiz, y de Cádiz a Sevilla y Córdoba, haciendo escala de algunas horas en estas tres ciudades.

De Córdoba a Madrid, en cuyo camino me alcanza y deja atrás la noticia de que la paz se ha firmado.

Mayo. Tres días en Aranjuez. Espárragos, flores y fresa.

Junio. Quince días en El Escorial. Códices y sepulcros.

Julio. Viaje a Sagunto (publicado en este tomo) a ver el Eclipse total de Sol con varios literatos de Valencia.

Agosto. Un mes en La Granja, o sea en el Real Sitio de San Ildefonso. La Arcadia de los cortesanos. De cómo se pescan truchas a bragas enjutas. La Boca del Asno. Mesas giratorias parlantes.

Septiembre. De Madrid a Valencia, en donde me embarqué para Francia, Suiza e Italia. (Viajes descritos minuciosamente en mi libro De Madrid a Nápoles.)

1861. Febrero. De Hendaya a Madrid. Estreno del ferrocarril de Burgos a Valladolid, y anécdota burgalesa. Un vuelco de diligencia en lo alto del Guadarrama, a las doce de la noche y nevando.

Marzo. Segundo viaje a Toledo.

Abril. De Madrid a Granada y Guadix. La primavera de los bailes en Granada. Diez leguas a galope la mañana del día de san Pedro.

Julio. Segundo viaje de Guadix a Almería, de noche, a caballo y con ladrones.

Octubre. De Guadix a Madrid.

1862. Abril. Tercer viaje a Toledo.

Agosto. Vida militar en el cuartel de Leganés con el teniente coronel don Ángel María Chacón.

Triste expedición al Molar y Guadalix de la Sierra, en busca de un amigo que había enfermado mortalmente en una cacería.

Septiembre. Ocho días en las Navas del Marqués. La duquesa Ángela de Medinaceli y sus pinares de Guadarrama.

1863. (El año de las muertes.) Enero. Viaje a Guadalajara, donde murió mi amigo Villanueva.

Febrero. De Madrid a Guadix, cuando murió mi padre.

Marzo. De Guadix a Madrid, llamado por Pastor Díaz, moribundo.

Junio. Viaje a Alicante, a la inauguración del vapor Príncipe Alfonso, primero de la Compañía Trasatlántica de don Antonio López. Del apuro en que nos vimos cuatro amigos en una cáscara de nuez.

Julio. Nuevo viaje a Viesgo y Santander. Algunos versos inéditos de Ros de Olano y míos.

Agosto. De Santander a Bilbao, por Santoña y las Encartaciones. Recuerdos de Antonio Trueba. Paseos con el mismo, en Bilbao. El Puente de Luchana y la casa donde murió Zumalacárregui.

Portugalete. Baños de mar... Primeros síntomas matrimoniales.

Septiembre. Vuelta a Madrid, dejando instituido a mi favor el censo por Nochebuena de un pavo anual salamanquino, que llevo veinte años de cobrar.

Octubre. Viaje electoral a mi tierra. Cambio de ideal del quijotismo poético. Plagio a Aben-Humeya preparando unas elecciones en los partidos de Guadix y de Iznalloz.

Noviembre. Regreso a Madrid. ¡Todo se ha perdido menos el honor!

1864. Marzo. La acostumbrada peregrinación a Toledo en Semana Santa.

Abril. La peregrinación a Guadix, casi anual también, a ver a mi madre.

Junio. Correrías a caballo por veinte pueblos de los montes de Guadix e Iznalloz. Recuerdos de Montegícar. La vida del candidato, ya indicada en mi novela La Pródiga.

Agosto. De Granada a Almuñécar, por Motril, primero en diligencia, después embarcado, luego en mulo, y finalmente, andando. Recuerdos de Almuñécar.

Septiembre. De Almuñécar a Granada, primero a caballo y luego en coche. De la diferencia que existe entre las jamugas y las artolas, con otros síntomas matrimoniales.

Diciembre. Heroicidades en miniatura. De Granada a Iznalloz, de Iznalloz a Guadix y de Guadix a Granada. Triunfal regreso de Granada a Madrid, ya diputado, pero todavía soltero.

1865. Marzo. El consabido viaje a Toledo por Semana Santa.

Septiembre. El consabido viaje a Guadix.

Noviembre. Otras elecciones. Correrías por la deliciosa vega de Granada. Santafé, vista muy despacio. De cómo no fallaron los susodichos síntomas matrimoniales.

1866. Febrero. De Granada a Madrid, muy bien acompañado para siempre.

Diciembre. De Madrid a Francia, desterrado de Real Orden. Circunstancias agravantes del caso. En París, solo y sin cartas de España. Biarritz en invierno. Viajes de tapadillo a la frontera de España.

1867. De Francia a Granada, sin hacer noche en Madrid. Nace en Granada mi hija Paulina.

Año y medio de confinación política en Granada. Escapatorias a Guadix.

1868. Septiembre. De Granada a Aguilar, en camino de hierro. De Aguilar a Córdoba, en calesa, por estar el ferrocarril cortado. De Córdoba a Sevilla, en tren insurrecto. De Sevilla a Córdoba, con el cuartel general del duque de la Torre. De Córdoba a Alcolea, a caballo. De Alcolea a Andújar, con Ayala y Gómez Díez, de noche, en tren clandestino, con bandera y mensaje de paz, recogiendo heridos en estaciones solitarias. Plan de un libro político, que tal vez escriba algún día.

Octubre. De Alcolea a Madrid con el cuartel general del duque de la Torre. Lance trágico en Aranjuez.

De Madrid a Zaragoza en plena Revolución. Majestad y hermosura de Zaragoza. Mi adoración de toda la vida a los aragoneses.

Noviembre. De Madrid a Granada, donde pude exclamar: ¡Viaje redondo!, acordándome del que emprendí en septiembre en busca de los insurrectos de Cádiz.

1869. Febrero. De Granada a Guadix, y de Guadix a Madrid, después de otras elecciones.

1870. Marzo. De Madrid a Alhama de Aragón, y viceversa.

Agosto. De Madrid a Málaga. Baños de mar y otros entretenimientos de verano en vísperas de la elección de rey.

Septiembre. De Málaga a Granada, y de Granada a Madrid...

Idem. Otra vez a Alhama de Aragón.

1871. Marzo. De Madrid a Iznalloz en busca de la cuarta acta de Diputado, y de Iznalloz a Madrid con el acta en el bolsillo. Nueva disertación sobre la poesía política y electoral.

Mayo. De Madrid a Granada y Guadix y vuelta a Madrid en el mismo mes. Sigue la pícara poesía electoral.

Junio. Otra vez a Alhama de Aragón... siendo de advertir que yo no he usado nunca aquellos baños medicinales...

Julio. De Madrid a los Baños de Archena, que tampoco tomé, ni me habían sido recetados... Formo idea de la belleza y fertilidad de la provincia de Murcia. Vuelta a Madrid a las cuarenta y ocho horas.

Agosto. De Madrid a Aguas Buenas (que tampoco había de tomar). Ocho días en Pau, Bayona y Biarritz.

Septiembre. Regreso a Madrid por San Sebastián, Vergara, Arechavaleta, Escoriaza (donde me detengo quince días) y Vitoria (donde permanezco dos). Elogios debidos a las Provincias Vascongadas.

1872. Marzo. De Madrid a la Alpujarra. (Este viaje se halla largamente referido en el libro titulado La Alpujarra, que forma parte de la presente colección de mis OBRAS.) De la Alpujarra a Madrid, triste fin y remate de la poesía electoral,

Agosto. Viaje de El Escorial a Ávila, donde permanezco dos días. Maravillas arquitectónicas de la ciudad de Santa Teresa.

Septiembre. De Ávila a Madrid, y de Madrid al Monasterio de Piedra en Aragón. Maravillas naturales, construidas por el río Piedra.

1873. Viaje a Extremadura. Dos meses en un bosque. Visita al Monasterio de Yuste (ya publicada en el presente tomo). Estudios de la naturaleza.

1874. De Madrid a Despeñaperros. Dos días vivaqueando en los túneles del ferrocarril. Correrías en cangrejo. Noche fantástica en una vía muerta, en la estación de Almuradiel.

De Despeñaperros a Córdoba. Excursión a las Ermitas de la Sierra.

1875. Cien días en El Escorial, con una ascensión a las cumbres del Guadarrama a herborizar y a cazar mariposas de primer orden. Del hijo que enterré y del libro que escribí durante mi estancia en El Escorial.

Noviembre. Viaje a Murcia y Cartagena y al pueblo nuevo de La Unión. Estudio detenido de la hermosura y fertilidad de la provincia de Murcia. Apuntes literales de mi Libro de memorias, y datos curiosos que me suministraron algunos amigos.

1876. Febrero. Viaje a Granada, Córdoba y Sevilla. Estudio especial de los cuadros de Murillo. De por qué no fui aquel año desde Granada a Guadix. Paralelo entre Sevilla y Granada. En Sevilla se desconocen las cuestas, las umbrías, el ruido del agua y la majestad de las sierras.

Agosto (del 17 al 20). Segundo viaje al Monasterio de Piedra.

1877. Un verano en Rota. Excursiones a Cádiz, el Puerto de Santa María, Jerez y Sanlúcar de Barrameda. Variaciones sobre temas de amontillado.

Octubre. Dos días en Salamanca. (Viaje referido en el presente volumen.)

1878. Muere mi madre y dejo de ir a Guadix. Planto la tienda en Valdemoro. Cinco veranos en esta villa. Libros que escribo allí en la celda prioral que construyo al efecto.

1879. Alcalá de Henares, el día de la inauguración de la estatua de Cervantes.

1882. Tercer viaje, y el más solemne de todos, al Monasterio de Piedra, con Tamayo, Cañete, Fernández Jiménez, Catalina, Moraza, Holguín y Moreno (don Julián).

1883. La Semana Santa en Córdoba. Los ingleses en Andalucía. Epílogo de todos los viajes mencionados, que constituirá una especie de Mapa poético de España, para el uso de los que deseen abandonar la mala costumbre de veranear en tierra extranjera.

Libros a la carta

A la carta es un servicio especializado para
empresas,
librerías,
bibliotecas,
editoriales
y centros de enseñanza;
y permite confeccionar libros que, por su formato y concepción, sirven a los propósitos más específicos de estas instituciones.

Las empresas nos encargan ediciones personalizadas para marketing editorial o para regalos institucionales. Y los interesados solicitan, a título personal, ediciones antiguas, o no disponibles en el mercado; y las acompañan con notas y comentarios críticos.

Las ediciones tienen como apoyo un libro de estilo con todo tipo de referencias sobre los criterios de tratamiento tipográfico aplicados a nuestros libros que puede ser consultado en Linkgua-ediciones.com .

Linkgua edita por encargo diferentes versiones de una misma obra con distintos tratamientos ortotipográficos (actualizaciones de carácter divulgativo de un clásico, o versiones estrictamente fieles a la edición original de referencia).

Este servicio de ediciones a la carta le permitirá, si usted se dedica a la enseñanza, tener una forma de hacer pública su interpretación de un texto y, sobre una versión digitalizada «base», usted podrá introducir interpretaciones del texto fuente. Es un tópico que los profesores denuncien en clase los desmanes de una edición, o vayan comentando errores de interpretación de un texto y esta es una solución útil a esa necesidad del mundo académico.

Asimismo publicamos de manera sistemática, en un mismo catálogo, tesis doctorales y actas de congresos académicos, que son distribuidas a través de nuestra Web.

El servicio de «Libros a la carta» funciona de dos formas.

1. Tenemos un fondo de libros digitalizados que usted puede personalizar en tiradas de al menos cinco ejemplares. Estas personalizaciones pueden ser de todo tipo: añadir notas de clase para uso de un grupo de estudiantes,

introducir logos corporativos para uso con fines de marketing empresarial, etc. etc.

2. Buscamos libros descatalogados de otras editoriales y los reeditamos en tiradas cortas a petición de un cliente.

www.ingramcontent.com/pod-product-compliance
Lightning Source LLC
Chambersburg PA
CBHW031259110426
42743CB00041B/742